無妙抄

津山克典

はじめに

現在、武道と呼ばれている武技（格技）の発端は、自己保存と種族維持を目的に始まりました。実際に生と死が隣接する状況下で、他と闘って他を制することから技術の発達発展がなされ、それが歴史の中で自然発生的にそれぞれ独自の技術特性を持つようになってきました。

武技とは実践の場で実際に相手を倒すことを目的とした闘争技術ですが、原初の形態や内容をそのまま継承しているわけではなく、時代の移り変わりと攻撃主武器（銃器の普及）の発達などにより、各時代に対応し変遷しながら生き続けてきています。特に銃器の普及に伴い、剣、槍、弓による戦いが限定されるに従い、実践の場での実用性を離れ、武技は修養としての側面を強く押し出すようになってきます。

戦国時代を過ぎ17世紀の平和な時代には儒教、仏教、老荘思想の影響を受けながら、身体を媒介として武技に習熟すること自体をその目的として価値を見いだすようになり、武芸、あるいは武道と呼ばれるものに発展してきました。

護身的、体育的な面で鍛錬されていた空手道は、競技的側面（試合制度）の普及により世界的に発展しました。当初は形、基本が中心の稽古法だったのですが、試合制度の普及により試合に臨んでの心理的条件、いわゆる動揺する自己の克服、決断、不動心、無心、集中力などの心身的条件を克服すべく技の実技と理法（心法）の工夫が必要となってきました。

空手道の修行も他の武道と同じく、身体訓練を通じて精神の鍛錬と人格向上を目指す実践的訓練を意味し、「技と理」の修行は武道の究極の目標とされ、その極意は心と形、技と理、身体と精神は一体不可分なものとする修行法が生み出されてきました。

修行とは継続して行うこと、そしてその中で自己の心の内面を第三者の目で見られるよう心がけることが大切です。理論的思考によって得られるものではなく、「体得」「自得」によってのみ認証できるものであり、自己の心身を用いて「身体で覚える」すなわち「自得内証」するもので、心身のすべてを打ち込んで到達する実践であるのです。

津山克典

目次

無妙抄

一　空手における修行とは何か

日本武道の特質

空手の起源は中国にあるが、それが中国から直接世界に広まらず一端日本を経由してから世界に広まったのはなぜであろうか。

ここには一つの思想的な理由がある。中国(および朝鮮)では昔から儒教が盛んで、仏教や道教は儒教の下位に置かれていた。儒教は士大夫(したいふ)と呼ばれる官僚階級(文官)が身に付ける古典の知識、儀礼、詩、書、画、つまり哲学、文学、芸術などの人文学の教養と結びついていた。政治の面からいえば、彼ら士大夫は支配権力を握った官僚である。中国と朝鮮では近代に至るまで彼らが政治権力を握っていた。

彼ら官僚である文官からみれば、軍人である武官の階級は、軽蔑の対象となっていたのである。つまり、中国、朝鮮の歴史では伝統的に武術は単なる技術であって経書や文芸よりも価値の低いものとみる考え方が強かったのである。(略)

ところが日本では平安時代の終わりから武士が政治権力を握って支配者になったわけであり、武官である武士が権力を握るという状況が中世以来七百年以上続いたわけである。

日本に伝えられた色々な戦闘術が、日本という文化の中で「武道」となり、独特な発展をしてゆく。

このように日本の歴史では鎌倉幕府以来武士の支配体制が長く続いたため、彼らは、支配階級としての精神的教養を身に付ける必要に迫られた。鎌倉時代の上級武士たちは密教や禅の修行を心がけ、室町時代には「文武両道」といって武士であっても和歌、連歌、茶道といった芸道の心得が必要であるとされたのである。

日本ではこのように「文」の伝統と「武」の伝統が相互に交流し合う歴史が長かったため、武術は単なる技術（テクニック）ではなく、次第に芸術性と精神性の高いものと変わっていったのである。「文」とは宗教や学問や芸術であり、それは知識とか美的感受性といった「心」の働きの産物である。これに対して「武」

さまざまな格闘技、戦術、武具が世界中から日本に流れ着いた。同時に仏教が聖徳太子の時代以降隆盛を極める。仏教が武士の心のよりどころ、精神力の強化に大いに役立ったのである。

とは身体的技能の訓練である。つまり日本の歴史では伝統的に「文」と「武」あるいは「心」と「身」の鍛錬が一体不可分のものとみなされてきたといってもよいであろう。このため日本の武道は仏教や芸術などと関係が深く、言わば内面的な精神性が高いという特質を持っているのである。

日本武道に見られるこのような内面的精神性の深さは、日本の歴史が生みだした独特な文化的産物であると思われる。(湯浅泰雄『氣・修行・身体』より引用)

世界大戦後、競技空手の隆盛

剣道あるいは講道館柔道が、誰でもできる

競技として形式を整えたことは日本の武道にとって大変意義のあることであった。剣道の成立には、刀を竹刀に持ち替え、よろいを防具に変形させるという画期的な方法がすでに江戸期に確立された。また、講道館柔道はルールの整備、畳というクッションにより危険性を回避することができることで競技を確立させた。

第二次世界大戦後、空手が一大躍進をするためには、空手もまた、競技武道として柔道、剣道に比肩しうる存在とするために、「組手の競技化」を図らなければならなかった。当初、剣道に倣い防具を身に付け、競技を行うという試みが行われたようだが貧弱なものしか用意ができず、必ずしも安全性が確保できなかったようである。

そのような中で、主要な大学空手部などが中心になって創案した「当たる直前で極める」というルールが、一般的となった。当たる直前に技を極めるこのルールは、多くの流派で用いられることとなった。

このルールは、空手の組織団体として成立した、全日本空手道連盟（略称：全空連）に採用され、競技空手の形式として確立したのである。全空連の設立とともに、全国の大学、高校のクラブ活動として大いに人気を博していくこととなる。インターハイの開催を皮切りに、１９７８年からは国体のデモンストレーション競技に、１９８１年からは正式種目として採用されるようになり、子供から大人まで幅広く空手人口を増やしてきた。誰でもが入門しやすい空手の道を開いてもらえたことはまさに感謝である。

人として成長するための道

さまざまな歴史の変遷を経て「武道」は現在の姿にたどり着いたのであるが。これからも変化し続け、人類の進歩に寄与していくという使命がある。多くの空手人口を有する空手界も、日本の武道のけん引役として更なる努力をしなければならない。日本人こそが武道の母体を守るという役割を担っており、世界からの期待は大きいのである。私たちこそが武道のもつ「修行」という道を極めていかなければならないのである。

形式は競技スポーツという形を取ってはいるが、本質は単なるスポーツではない。武道における修行という本質に迫り、ただ勝負を競うだけではなく、その中に礼節、ルールの遵守、教育と青少年の健全な発達、人格陶冶、つまり文武両道といったテーマが底流に流れているのである。

しかも、厳しいことではあるが、「競技においても強い日本」という技術力も期待されている。技術力の伴わない武道の宗主国という姿は世界が許してくれないという側面もある。

武道は平和な時代に発展する

武道は自己保存、種族維持の術であり、相手を制する格闘技術から発展してきた。身体を鍛え、技を練り、心を鍛えどのような状況下でも生きながらえる方法を模索してきたと言える。その中で、効率よく相手を倒すためには工夫がいろいろとなされた。

しかし、素手の格技が研究され、発展していくのは戦のない平和な時代であった。江戸年間の平和があり剣術が発展し、剣術の発展は他の武道が発生する大きなポイントであった。

空手の発展は剣術の発展とは別物であるが、中国と沖縄、薩摩という歴史変遷と平和な時代における護身術の研究と伝承という点では類似している。世界大戦後の平和な日本の中で武道がますます発展していくという構造もこの点を証明していると言えるのではないだろうか。

武道が、平和な時代の中で発展するという点で大きな作用をしたのは仏教であり、仏教の伝来とその後の日本での発展も視野に入れたい。つまり、武道修行の根底に仏教の力が大き

武道は平和な時代に発展をしてきた。第二次世界大戦後の空手の隆盛は、特筆すべきものがある。武道が世界平和に貢献するという時代が来たのである。

く影響を与えたと創造できるからである。

空手をやるのに宗教を学べ、という意味ではない。仏教の修行方法から武道は多くのヒントを得ていたという点に着目したいということである。

例えばそのヒントとは「瞑想」であったり、日々教えの習得のための集中力であったり、最初は経のたゆまぬ経文の繰り返しである。最初は経文の意味などまったく理解などできないのであるが、繰り返し繰り返し学ぶのである。いつ到達するとも知れぬ悟りを求めて。

いかがであろう、私たちの空手の稽古そのものではないか。基本練習の繰り返し、集中力の養成、競技に勝つための精神力の鍛錬。つまりここに修行という言葉の原点がみてとれるのである。

私たちの日々の練習も、この修行という言葉の持つイメージをもっと鮮明に打ち出してよいのではないだろうか。世界の人たちが私達日本人の磨き上げてきた武道に惹かれるのもこのような点ではないかと感じられる。

温故知新という言葉を見聞きしたことがあるであろうか、昔の事を調べて、そこから新しい知識や見解を得ること。ふるきをたずねて新しきを知るというような意味である。私たちの祖先が磨き上げてきた、稽古を重ね心身を磨くという修行という武道の原点を見つめ、平素の練習に生かしていきたいものである。

二

日本人の気質に合った鍛錬方法、修行のあり方を探る

こつこつ励む勤勉さ

同じ技の単純な繰り返しを嫌がる選手がいるが、大変もったいないことだと思う。技の繰り返しの中に上達の種があることに気付いていないのである。やっと基本的なことが身に付き、ここからが技を磨く本番というところで、別の技に移行してしまう。誠に残念である。指導者や先輩は、飽きないように、辞めないようにとの気遣いから、様々な練習を組み立てるのであろうが、古くから「急がば回れ」と言われている、正にその通りなのである。

「多種多様な技を身に付けることが強さである」と勘違いしている人がいることも残念である。不完全な技をいくら多く持っていても、試合で勝つことはできない。むしろ、たった一つの技でも、充分に磨き上げた技であれば、勝機を見出すことは充分可能である。

本物の技は、いくら研究されても見切られることはない。このことは逆の立場であなたも経験しているのではないだろうか。相手を研究し、試合に臨み、相手の得意技に十分注意していているのに結局その得意技でやられてしまう。その技が繰り出されてくるのが分かっていたのに食らってしまう。

このような悔しい思いをしたくないなら、あなたも得意技を磨くことだ。得意技といっても特殊な技である必要はない。基本技のちょっとした応用でよいのである。そのためには、繰り返し繰り返し、同じ技を鍛錬するのである。

なぜ繰り返しの練習が必要なのだろうか。それは、繰り返しをしなければ手足の微妙な使い分けが、脳に蓄積されないのである。脳の中に充分な情報がないと応用しようとしても、瞬時の組み立てができないのである。つまり潜在能力から生み出される応用力を培うために繰り返しを行うのである。

上達目標を持つ

ただ、ここで大変重要な注意点がある。この注意点を本当に理解しているかどうかが今後の選手として、あるいは修行者としての方向性を決定付けるので、心して読んで欲しい。それは難しいことではなく、アタリマエのことであるし、常識でもある。

それは、「常に創意工夫を心がけて技を繰り返すこと」である。誰のための鍛錬でもなく、自分のための鍛錬であることを自覚して欲しいのである。ただ漫然と繰り返しをしていたのでは練習に出るのもつまらないことになってしまう。自分のための練習のはずが、誰かにやらされているかのように錯覚する人も出てくる。惰性に流されての練習なら即刻退部した方が良い。そのような人には永遠に空手の本当の面白さは理解できない。厳しいことではなく、コレが鍛錬ということの本質であり、常識なのである。

練習とは本来自発的に行うものであり、基礎体力を養う練習でさえ、喜んで進んで行うことで効果が倍増される。ましてや技の基本練習では積み重ねれば、積み重ねただけ確実に強くなってあたりまえなのである。

寝ても覚めても「空手」

ニュートンが、リンゴの落ちるのを見て、万有引力の法則を発見したというが、平素から引力に関して思索を重ね、寝ても覚めてもそのことばかり考えていたはずである。あるいは、日本人で初めてノーベル物理学賞を受けた湯川秀樹は、夢で見た中間子理論をまとめたというが、彼もまた来る日も来る日も思索と研究を重ねた結果、睡眠中にその思索が脳内で整理され理論を生むヒントが湧いたのである。

リンゴの落ちるのを見て万有引力の法則を発見したニュートンだが、その前には膨大な思索の時間があったのである。リンゴはヒラメキのきっかけに過ぎない。膨大な稽古の時間の先に、技のヒラメキが待っていることを信じて研鑽に励もう。

私たちの基礎練習もまったく同じである。突きであれ、蹴りであれ、傍からみれば単調な繰り返しかもしれないが、微妙な角度の違い、タイミングの変化等々微妙な創意工夫をしながら日々練習に励むのである。

無自覚な練習は弱点の養成となる

日本人の特質として創意工夫を飽きずに行うということを挙げた。武道以外にもこの日本人の特質は随所にみられる。その最たるものが日本の工業技術の水準である。中国に生産工場が移転して、工業技術の空洞化ということも言われている。しかし、本来日本人の技術、熟練工の奇跡の技は飛びぬけている。

世界の最先端企業が日本の町工場の熟練技術に頼るという事例は数限りない。

技を極限まで磨き上げる、そしてその技を応用変化させる。更にはその技をまた磨き上げる。この繰り返しこそ日本のお家芸なのである。

これを空手に置き換えて考えてみよう。例えば、約束組手の繰り返しであるが、実際に試合で使うという目的意識がなければただのダンスに終わってしまう。仮にそうではないとしても、目的意識がなく練習している者の考え方は、「何度も練習していれば体が覚えてくれる」と勘違いしていることである。

残念ながら無自覚な練習で、体が覚えてくれるのは単調なリズムだけである。むしろそのような考えで練習していると、相手選手から見れば「フェイントが掛かりやすい選手」となり、あなたはやり易い相手となってしまうのである。

どうだろう、あなたの弱点が少し見えてきたのではないだろうか。せっかくもくもくと練習に励んでも試行錯誤と創意工夫がなければ何の意味も無いのである。

はじめの一歩は苦しいけれど

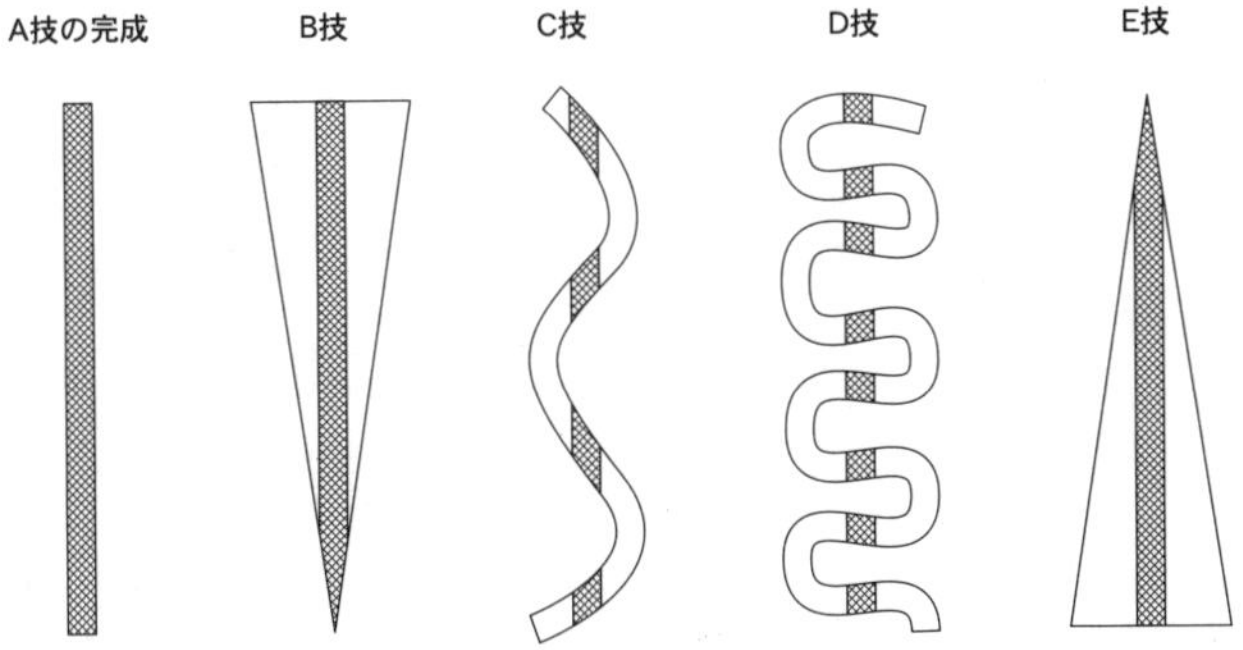

一つの技を極めることができた瞬間に、他の技のポイント（コツ）がすでに理解できている。つまり、他の技の習得期間が飛躍的に短くなる。何事も最初の一歩が大切なのだ。

繰り返しの成果が実を結び、一つの技がただ自分のものになったときは、一つの技が身に付いたということに留まらず、別な技の土台も出来ているといえる。それまでばらばらにしか思っていなかった技が同じ仕組みで出来上がっていることに気づいたり、身に付けた技の応用で他の技がいとも簡単に身に付く（分かる）ということがあるのである。

技といっても人間の体が行うものであるから基本は大きく違わないし、原理原則が分かると一見難しそうな技も仕掛けるタイミング、間合い、コツといったものが応用できるのである。一事に秀でると全てに秀でる可能性が与えられる。

基礎練習を嫌がらずにもくもくと励むこと

の意義が分かっていただけたであろう。これこそが日本人の気質によく合った練習方法である。先人の知恵を信じ、師の教えを信じ、いつか来る春を楽しみに励もうではないか。

もう一つの基本練習

基本技は言葉で表現することが比較的可能であるが、応用技は言葉にしにくい。応用技はいくつかの基本技の組み合わせで出来ているからだ。言葉で説明しようとしても説明すればするほど分からなくなる。やはり自分で身に付けるほかないのである。そのために必要となる「ある方法」を次に話そう。

見取り稽古の重要性

創意工夫と共に大切な訓練方法に、「見る」という稽古方法がある。上級者の動き、間合い、あるいは間といったものを見ることで盗むのである。

往年の銀幕スター市川雷蔵の映画に「剣鬼」という映画がある。居合の達人である師の技を、ただ見続けるという修行を重ねる。その間一度も剣を持つことがない。ある日、師である居合の達人の技がゆっくり、はっきりと見える日が来る。その時が免許皆伝となり、初めて師から剣が授けられるのである。その瞬間から市川雷蔵主演のその主人公は居合の達人となるのである。

少々現実離れしたことのようだが、目的意識はしっかりしている。つまり師から技を盗む、達人となりたいとの一念なのである。目的意識も無いまま、ただ見ていただけでは目の前を景色が通過しているだけに過ぎない。

技は教えられるものではない

職人の世界には「うろうろ三年」という言葉があるそうである。職人の世界に入った新入りの者は、直接的な仕事は教えられず、先輩のお世話をさせられるそうである。その間先輩方の仕事を目にし、親方の仕事を肌で感じ取っていくのだそうである。その世界に入った以上は、少しでも早く一人前になりたいだろうし、親方、先輩も早く実際の仕事で役にたつ者になって欲しいわけであるが、本人のやる気と早く教えて欲しいという心が十分に高まり、しかも皆の仕事の細部まで目に焼き付けないことには仕事をさせてくれないというわけである。

時には先輩から「じゃまだ、どけ！」などとしかられ、親方からは「（雑用を）急いでヤレ！」などと怒鳴られもするだろう。このような経験から自分がどこにいて何をしていればよいのかを身体で感じ取っていく。こうした経験から自分のポジショニングを理解していく。仕事の流れの中での自分の位置、あるいは相手の活動範囲の掌握、縦社会における自分の役割や礼儀というものも自然と身に付けていく。

例えば、新人は一番出入り口に近いところ、あまり動かず指示を出すものは奥のほうにならざるを得ない。つまり上座は親方、出入り口に近い下座は新入りなのである。ちょっと練習ということからはずれてしまったが、道場にあっても、社会に出ても相手を立てる、礼儀をわきまえるという基本がここにある。

形の練習にも相通じる原理

話を練習に戻そう。例えば、空手の形練習でも、創意工夫と試行錯誤、見取り稽古が大切である。形の練習も、なぜこのような動きがあるのか分からないという部分が最初は多いのであるが、形に関して言えば意味の無い動きは一つも無い。現在の競技空手では使用しない動きはあるが、格闘術としては重要な動きなども含んでいる。この形は何だろう、どのように応用するのだろう…と常に思索する必要がある。特に形の試合においてよい成績を打ち立てたいのであれば、思索が全てといってもよい。想像力がなければ、技が技に見えないのである。切れの良い風変わりな体操かダンスになってしまうのである。

欧米の選手を教えることの難しさを嘆いている海外のインストラクターと話すことがある。練習内容に納得しないと「なぜ?」を連発するのだそうである。言葉が堪能で無いことも彼にとってはストレスのようであるが…。ただし、納得のいく説明をし、理解したときには無我夢中で練習を続ける選手が多いそうである。これもお国柄といえるであろう。

日本人の特質として、分からないから励むという点があり、生真面目に繰り返しに耐えるという特質もある。どの性格、気質が優れているというのではなく、生まれ育つ風土の中で培う気質に留意し、修行に励んで行こうというのが本節のテーマである。

三

精神力の強化は、瞑想法でイメージトレーニング

精神力を鍛えるということは

練習ではなかなか良い動きをしているのだが、実際の試合になると緊張のために普段の実力がまったく出せない選手がいる。試合後に、あのときにああしていれば、このときにこうしていればと後悔するわけであるが、済んだことをいくら後悔しても意味はない。これが本当の意味での反省ならば、次の試合ではそれなりの戦い方ができなければならないはずだが、次の試合も同じような結果となる。

練習では良いものをみせるだけに、監督やコーチからは、「彼がもう少し精神的に強ければ…」と言われるのも無理はない。

精神面の強化をどのように図ればよいのか、今回はこの点について考察したいと思う。せっかく空手を始めたのだから、空手でも強くなって欲しいし、空手で培う精神力を、学業や社会人として仕事や家族のために大いに役立ててもらいたいと思う。そのための修行であり、「空手の修行で明日を拓く」（連載時のタイトル）ということはそのような意味なのである。

勝てない理由はここにある

まず、精神面の弱さとはどのようなことを言うのかを考えてみよう。例を挙げるとさまざまなことが言える。相手の雰囲気や、会場の大きさに呑まれてしまうということもあるだろう。ここで間合いを詰めたほうが良いと気付いていても、決断する勇気がないというようなこともあるかもしれない。事例は色々挙げられるが、いずれも自分の心しだいだということに気付かないだろうか。

一見外的要因のように見えることも実は自分の心の持ち方一つなのである。例えば次の技に展開する瞬間、ほんの少しだが躊躇してしまうということがある。本当は、どの技を繰り出してもポイントを取れるだけの実力がありながら、一瞬の迷いが生じることで逆にポイントを取られてしまうという選手もいる。このような選手を指して昔から「胆(きも)ができていない」と言う。常に相手の動きに対して冷静さを欠いて墓穴を掘るタイプだ。

自分の得意な攻撃パターンをまったく持っていないと、常に相手の動きという外的要因に脅えてしまうのである。もちろん相手の動きを読んで、どのような展開にもっていくかを考えなければならないが、「これで俺は極める！」という自信を持たなければならないのである。

同じようなことかもしれないが、相手の構え全体を見られない選手もいる。自分が攻撃を仕掛けようとする部分だけに注目してしまう。あるいは相手の四肢から技が繰り出されるとその部分しか見えなくなっているのだ。こういう癖がつくと、行動を起こす一瞬の勇気が出ないのである。

自信を持て！　勇気をだせ！

どうだろう、思い当たるところがないだろうか。確かに相手は動いているし、どんな動きを仕掛けてくるか分からない、だから脅えてしまう。それは当たり前のことである。しかし、相手もほとんど同じ心境なのだ、後は自信と勇気の違いだけである。

「練習では実力を出せるのに…」という選手は、練習では勝敗を意識しないので、自信や勇気がなくともポンポンと気楽に技が出せるのである。技術はあっても勝負に対する感性が足りない。情動がコントロールできないということかもしれない。昔から、「相手に勝つと思うな、その前に己に克て」と言われる所以である。

精神面の弱さと克服の端緒は見えてきたと思う。一つには毎回言っているが、基本練習の繰り返しに尽きる。しかも、常に工夫をしながら行う。たとえ、約束組手の練習であっても本番さながらに取り組むのである。

今回はそれに加えて、瞑想法という修行の方法をご紹介しよう。

「身心一如」の実現が鍵

日本で独特な発展をした武道であり、その発展には仏教の影響を色濃く受けたわけだが、仏教での修行法が日本の武道の訓練に色濃く影響を与えている。その一つに「身心一元論」という考え方がある。つまり、「身体と心は一体」ということ。身体を鍛えることが心を鍛え、心を鍛えることが身体を鍛えることにもなる、という思想である。

一方、ヨーロッパでは昔から心と体は別であるという考え方があり西洋的な訓練であるトレーニングというものは、筋力や持久力のみを強化することで精神面は無視されており、それを「身心二元論」という。「身体と心の関係は別物」であるという思想である。確かに黒人選手などは持ち前のバネを有効利用するために、筋力を極限まで鍛え、かなりのパワーで押し込んでくる。パワーに対する絶対の信頼といった感じであろうか。

試合に勝つという点だけに考え方を絞り込むと、筋力や持久力の強化という西洋的トレーニングに重きを置いた練習が効率的なのかもしれない。日本でも、これに倣ってパワーにはパワーとの考えも出てきている。しかし、日本でこれほど武道が発展した理由が忘れられているのではないだろうか。日本の武道は、技と精神を同時に極《きわ》めるために修行をするわけであり、練り鍛える過程を重んじてきたともいえる。それが、日本流の修行であり、その要が精神力の強化つまり、「胆《きも》づくり」だったはずである。残念ながら、外人選手の形だけを真似てステップをとっても勝てるわけがないのである。私たちが、武道で常勝するためには、正しい修行による「身心一如」の実現が鍵となるであろう。日本人特有の稽古と工夫で、パワーを逆手に取ることができると思うのだが、いかがであろう。

「運動的瞑想法」とは

前置きが長くなった感があるが、稽古と工夫の一方法として瞑想法を紹介しようと思う。仏教の影響を色濃く受けたお陰で、武道の修行の中に瞑想法が取り入れられることとなった。

しかし米国からイメージトレーニングが輸入されてきて、日本のスポーツ界はイメージトレーニング花盛りであるが、武道のイメージトレーニングは座禅を基本としたものの方が似つかわしいといえよう。

瞑想法は「運動的瞑想法」と「静止的瞑想法」の二つに区別される（湯浅泰雄著『気・修行・身体』）。「運動的瞑想法」は、常に身体を動かし続けることによって、心は次第に外からの感覚的刺激に反応しなくなり、心のイメージだけになる。基本練習をやり続けるということがこれに当てはまる。身体運動の繰り返しが瞑想の手段となっており雑念が湧く余地を作らない、その結果、最初は意識して動作していたものが、反復訓練の繰り返しでやがて無意識に動作ができるようになり、心と身体が一体になる。

反復練習が大切であるという意味がここで初めて理解されると思う。

座禅という修行方法

「静止的瞑想法」は、仏教では、いわゆる座禅を組むということであるが、座禅は脳の鍛錬と言われている。座禅における脳の鍛え方というのは、学校での記憶中心の授業とは違う。

いかに集中力を高めるかということに尽きるのである。逆に、座禅で培った集中力が日頃の稽古の支えになることは想像できるであろう。

　アメリカ育ちのイメージトレーニングは、ここ10年ほどですっかり定着した感がある。おおむねよい結果を出していることは皆さんご存知のとおりである。だが、武道の世界では「座禅を組む」「滝に打たれる」などの方法が、瞑想法として数百年の歴史があることを忘れないでほしい。

　座禅は仏教の修行法として、もとは中国から渡ってきたものである。仏教に大きな影響を受けた武道界もまた、この修行法なしには語れないのである。

「静止的瞑想法」を応用したイメージトレーニング

　運動は大脳で企画した動きを、小脳が正しく動けるように制御する。イメージトレーニングを行うことは、大脳だけでなく、小脳も実際に運動した時と同じように動く（読売新聞『スポーツの科学』）。だからイメージトレーニングは効果的であると言われるのである。

　実際の練習ができなかった日にも、イメージトレーニングであれば、自室でできる練習方

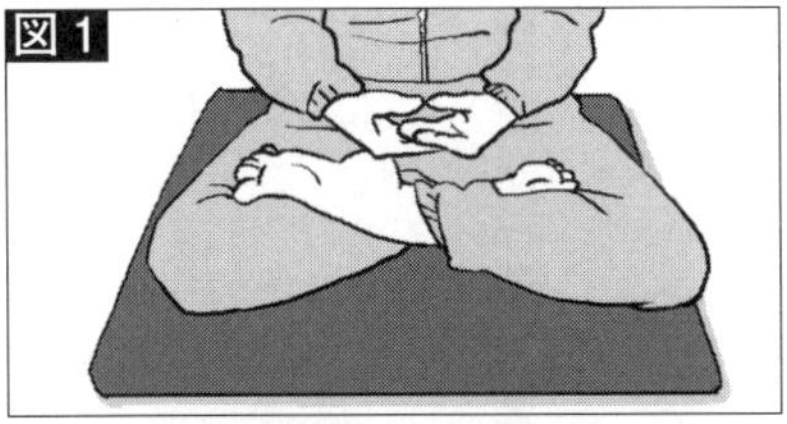

座禅の坐り方の本格的なものがこの結跏趺坐（けっかふざ）である。

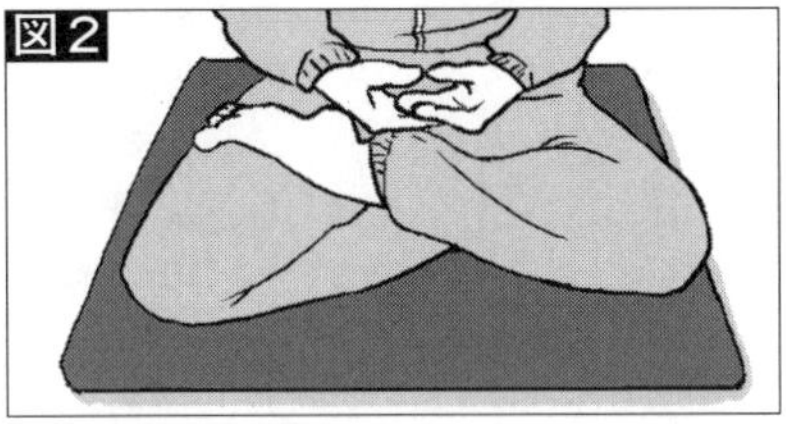

座禅を応用したイメージトレーニングなので、半跏趺坐（はんかふざ）という方法でよい。

法である。さまざまなイメージトレーニングの方法が書籍などで紹介されているので、色々試してみるのも良いが、武道のイメージトレーニングであれば、武道に大きく影響を与えた仏教の座禅を応用しない手はないだろう。本格的な座禅をしたり、滝に打たれるということまではしなくて良いが、日本文化の極みを応用することはそれなりに効果のあることである。

　座禅の坐り方は、本格的には結跏趺坐（けっかふざ）（図1）という座り方をするが、本格的に座禅をするわけではなく、座禅を応用したイメージトレーニングなので、半跏趺坐（はんかふざ）（図2）という方法でよい。座布団を折ってお尻の下に入れ、足が痛くならないようにするのが良い（図3）。足が痛くてそちらにばかり意識が行ってはトレーニングにならない。

手の組み方であるが、こちらも座禅を真似て、イラストのように（図4）、下に置いた右手の上に左手を乗せ、左の脚の上に置く。そして両方の親指の爪と爪とを軽く当てて卵形をつくる。

平素の道場での練習中に、短時間のイメージトレーニングをするのであれば、正座で良いであろう。手の位置もそれぞれの手を左右の脚に置くという普通の座り方でよい（図5）。また、立ちながら行う立禅という方法もある。

腹式呼吸が重要な鍵

座禅でもそうだが、座禅を応用したイメージトレーニングでも呼吸法が大変重要な位置を占めている。腹式呼吸で行う。わたしたちが無意識に行っている自律的な呼吸は、吸気（吸い込む息）が中心だが、座禅の呼吸法は逆に、呼気（吐き出す息）が中心となる。「静止的瞑想法」トレーニングでもこれを応用する。下腹部の圧力で胸底から上腹部にかけて空っぽ

図5

短時間のイメージトレーニングをするのであれば、正座で行ってもよい。

図3

足が痛くてそちらにばかり意識がいってはトレーニングにならないので座布団を折ってお尻の下に入れ、足が痛くならないようにする。

図4

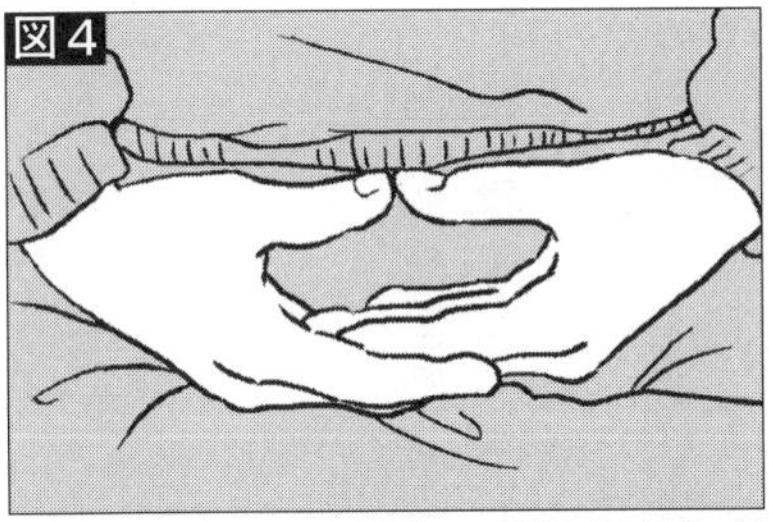

下に置いた右手の上に左手を乗せ、左脚の上に置く。両方の手の親指の爪と爪とを軽く当てて卵形をつくる。

になるまで、十分に息を吐き出す。吐き尽くしたところで、下腹部の筋肉の緊張を緩める。そうすると、自然に鼻から空気が入ってくる。

もう一つの注意は、背筋をしっかりと伸ばし、肩の力は抜いておく。ほんの少し腰をそるようにすると良いだろう。ゆったりとした心持で目を閉じ、とにかく身体の力はすっかり取り去る。

心も、筋肉も十分に緩めて行う

本格的な座禅だと雑念を取り去る訓練をするわけだが、「静止的瞑想法」を応用したイメージトレーニングでは、心の中に具体的な一定のイメージを念じ続ける。例えば、「静寂な森の中の湖に月が映っている情景」など。

一定イメージが描けるようになったら、普段繰り返し練習している自分の技の練習風景を具体的に再現する。これもできるようになったら、過去に自分が試合で満足のいく結果を出せたシーン。最も高度になると、自分が会心の技を繰り出しているところを想像する。

注意して欲しいのは、あまり性急に先を急がないことである。一定のイメージを描けないうちに、動きのあるイメージを描いても、リアリティーに欠けていては効果がまったく無いことになる。

もう一つ大事なことがある、シーンが具体的に描けるようになると筋肉がそのシーンを再現し始めるというレベルに達してくる。身体全体は力を完全に抜ききっていることが重要で、それができていないと正確な動きの再現とはならず、実際に身体を使った練習を行ったときにイメージ通りの再現ができないこととなるのである。

心を鎮め、自分の思い通りにイメージを再現できるようになると、躊躇するという心癖が取り除かれている。ここ一番というときの勇気が作られている。つまり情動を自由にコントロールできるということである。

四

真剣勝負が、能力を引き出す。
その鍵は「集中力」

集中力の養成

第三節で、瞑想法を応用したイメージトレーニングを紹介したが、読者から「いつでもどこでも練習ができることが分かりました」「技がスムーズに出るようになりました」という声を聞かせてもらうと同時に、「どうしても集中できません」「イメージしようとすると、まったく別のことが頭に浮かんできます」という声もあった。

集中力の高い人は、電車の中でもイメージトレーニングができるが、集中力が低いと条件が揃っていてもイメージができないものである。実は、瞑想法はそうした集中力を高める最良の方法でもあり、イメージトレーニングは同時に集中力の鍛錬でもあることに気付いて欲しかったし、もう少し時間をかけて継続して取り組んでくれるとよいのだが。しかし、読者の皆さんの悩みも分からなくもない。そこで、本節では「集中力」について詳しく紹介してみよう。

自分は集中力があり、イメージトレーニングも苦労なくできるという人にとっても参考になるように、さまざまな角度から集中力を紹介するのでぜひ目を通してほしい。特に、後半

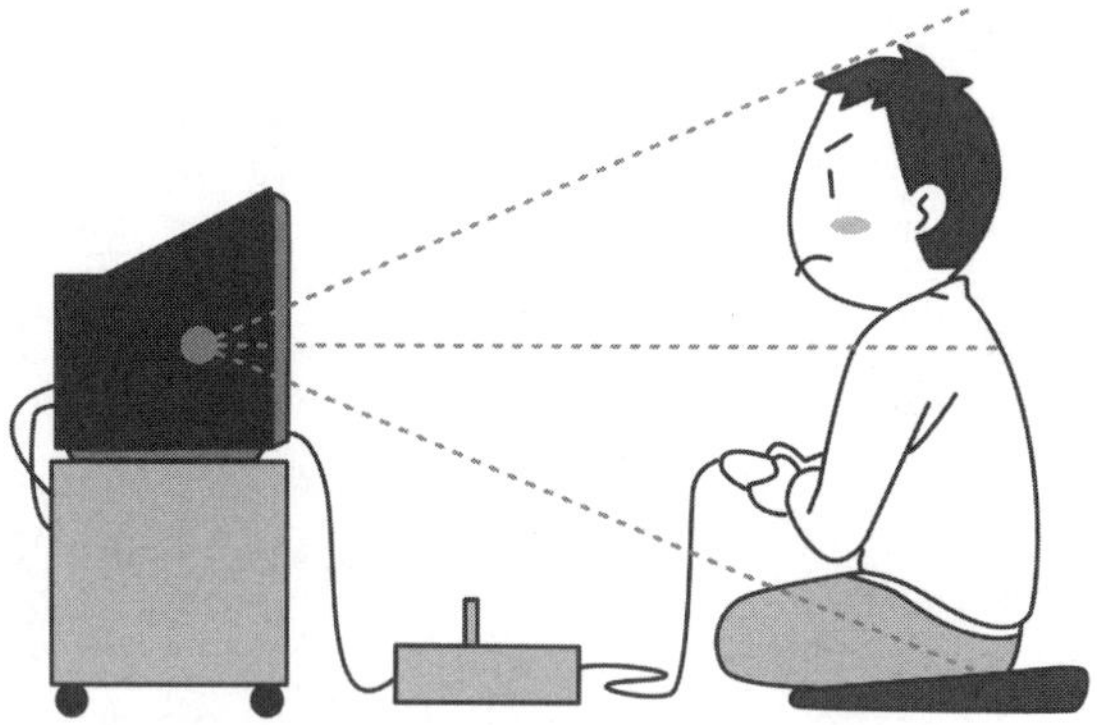

集中力は誰にでも備わった能力であり、よりよく磨けば、限りないパワーを生むのだが……。

の「試合と集中力」に関する項は集中力の応用編ともなるのでぜひ熟読してほしい。

誰でも「集中力」を持っている

集中力といえば学校の勉強のことと勘違いする人がいるかもしれないが、あらゆる武道・スポーツの大変重要な部分を担っている。また、武道・スポーツに限らず、あらゆる物事に集中力は必要なのである。

「僕には、集中力が無くって」、という人がけっこういるが、無いのではなく使い方が分からないだけなのである。好きなことだと、誰しも無我夢中になる。マンガを読むことだったり、ゲームをすることだったり、好きなことには高い集中力を発揮する。特に幼い子供の集中力にはときに驚嘆することがある。何時間でも同じ遊びに夢中になって、お母さんがいくら呼んでも気がつかなかったり、大好きなアニメを瞬きもせず見続けていたり。危険な状態に陥っていることも気付かずに集中していることがあるので注意が必要なときがあるほどだ。

激しい雑音の中でも必要な音を拾い出す能力、雑踏の中から知人友人を見つけ出す能力、これらみな集中力のなせる業である。さまざまな雑音の中で、不要な音は遮蔽（しゃへい）できる能力にいたっては超能力といってもよいかもしれない。ここまで読むと、集中力は、誰でもが生まれながら普通に備えた能力であることが分かるであろう。

集中力の正体とは

集中力とは、端的に言うと凸レンズで光を一点に集める実験と同じことといえる。文字通り、一点にエネルギーを集中することをいうのである。

簡単に集中力といってしまったが、大きくわけて二つの種類の集中力があると思う。ひとつは、瞬間の集中力。瞬発的に発揮される強烈なパワーのことである。よく「火事場の馬鹿力」といわれるが、火事に見舞われて、絶対に一人では持ち上げられない金庫を一人で運び出したというようなことがよくある。能力を一気に爆発させる力といえる。

もうひとつは、持続の集中力である。単調な作業を長時間継続したり、一つの事に根気よく取り組み、最後までやりとげる力がこれだ。

空手に限らず武道の多くは、両方の集中力が要求される。つまり、両方の集中力を磨くことが武道の稽古なのである。

繰り返しの基本練習の大切さ

基本動作に精神を集中し、練習を重ねることの大切さをこれまでも何度か書いてきたが、基本練習を身に付けるためには集中力がものをいう。自ずと集中力が培われるといえる。逆に集中力が伴わない基本練習は意味がない。集中せずに行う練習はまったくの無駄である。どうしても集中できないのなら、休んで、柔軟体操をしていた方がよほどましである。

しかし、そうはいっても気が乗らないときもあるだろう。そのようなときは、練習本数の目標（達成可能なもの）を決めてそこに向かって丹念に繰り返す。基本に忠実に繰り返す。

目標があることで、そこに向かう意欲が集中力を引き出してくれるのだ。

武道が好きでこの道に入った人にとっては練習が楽しみであろう。楽しさは集中力の源であるから、大いに基本練習に汗を流してほしい。だが、中には、少し練習が辛いものとなってきた人もいるかもしれない。そのような方は、楽しかったことを思い出して初心に戻ってみるのがいい。基本練習は、どれだけ上達しても重要な練習であり、集中力が弱まってきたと感じたら、基本練習に一生懸命に打ち込むことは重要である。

集中力が身に付くと、このような状態になるという例をいくつか挙げてみよう。高名なレーシングドライバーのインタビュー記事を読んだことがあるが「レースを終えて車から降りると飛んでいるハエさえもゆっくり飛んでいるように見えたという話である。高速移動で持続させた集中力というものはそのような能力を培うのであろう。それ以外でも、昔の野球選手で、打撃練習で、素振りを繰り返し続け、倒れてもまたふらふらになりながらも集中し、身体の力がフッと抜けたとき、ボールが止まっているように見えたという話を聞いたこともある。同じような例は空手の世界でもいえる。試合中に相手の突きの指一本一本がはっきり見えたとはよく聞くことである。

「集中力」の更なる強化

基本練習で、一度脳が集中モードに入ると、その後も脳は集中しやすくなり、集中の継続が容易になる。この感覚をつかむと、瞑想法での集中力、更にイメージトレーニングがやりやすくなる。

第三節ではイメージトレーニングをご紹介したわけだが、そこまでの集中力ができていない方は、今回、座禅の要領で集中力を高める練習をしてほしい。その方法は比較的簡単である。瞑想をしながら、数字をカウントアップするという方法だ。集中力が磨かれていない人にとってはこのような単純なことでも難しいかもしれないが、あせらずに実践してほしい。

まず半結跏趺坐、もしくは正座をして腹式呼吸を行う。（腹筋をゆっくり引き締めながら、息を完全に出し切った状態で腹を緩めると、自然と息がスーッと入ってくる）

腹式呼吸ができていることを確認し、ゆっくり息を吐きながら、そのときイーチ、ニーと吐く息に合わせてゆっくりと数字を数え上げていく。集中が続く限り数え上げる数息観がある。途中で集中が切れたら最初から数えなおす。

道場の基本練習で集中力を高め、自宅では瞑想により集中力を磨くのである。

集中力の攻防戦

別の角度から集中力と集中力を阻害する要因を紹介しておくので、この点にも留意してほしい。

心身が疲れていると集中力をつくるのは難しい。イライラしたり、くよくよしているのもよくない。筋肉が緊張していてもよくない。

これについては、禅でいう「調身」「調息」「調心」の考え方が参考になるのでご紹介しよう。座禅の「調身」とは、姿勢を整えること、つまり座禅の形のことである。力まずに十分リラックスしていながら胸を張り、背筋を伸ばし、腰をほんの少し反る。次に「調息」とは腹式呼吸をいう。「調身」と「調息」が身についてくると心が調整された状態「調心」がつくられるのである。心を整えることはなかなかできないが、呼吸と姿勢を整えることは比較的やりやすい。つまり、姿勢をよくし、呼吸をゆっくりした腹式呼吸にすると自然と心が穏やかになってくるのである。

「調身」「調息」「調心」ができた状態が心と身体のリラックス状態である。この状態が少しでも長く維持できれば、集中力がどんどん高まるといえる。東洋の修行法の真髄は身体の訓練を通して、精神力を鍛えるところにあるといえる。

試合における集中力

ここからは試合における集中力の話を考察してみたい。たゆまず練習に励み、集中力のレベルアップを図り、試合にその成果を発揮してもらいたいと思う。

まず、試合での理想的な集中力とはどのような状態を言うのであろうか。それは、恐怖心が無く、相手のちょっとした動きの変化に動揺がない状態である。これを平常心というが、このレベルになると激しい興奮などもないので筋肉はリラックスしている。このとき相手選手の姿全体が見えているので、相手がフェイントをかけているのか、本気で間合いを詰めにきたのかというようなことが、手に取るように分かるといえる。まるで相手の選手がスローモーションで動いているように感じられるレベルだ。

これは、前の項で書いたように調身、調息、調心が一体となって胆力がきわまった状態と

集中力がより高まると全体が観えてくる。相手のチョッとしたトリッキーな動きなどには惑わされない。

いえる。「相手を目で見るな」とか「身体全体で相手を感じ取れ」あるいは「胆をすえて見ろ」とよく言われることであり、このことをイメージしてみたのが上のイラストである。

A選手の動きの全てを、B選手は、自分の「胆」に集中して感じ取っていることをイメージしてみた。B選手が身体全体をまるでパラボラアンテナのようにしてA選手の動きをキャッチしている。

ここでパラボラアンテナを持ち出したのは、先に集中力とは凸レンズで光を集めることと似ていると書いたことの再現である。凸レンズと原理が同じだが、焦点が内側になるパラボラアンテナが、試合中の集中の在り方を端的に表現してくれているように思う。

つまり、感覚は相手選手が発する情報を収集するために外に向かっているのだが、それでいて意識は「胆」に集中されている状態といえる。

大会で強くなっていく選手

若手の選手で、練習も意欲的にこなし、基礎練習にも余念がないという選手が、大会という真剣勝負の場で、見違えるように強くなることがある。大会という空気に怯えるのではなく、むしろ先輩に胸を借りるという真摯な態度で臨むのがいいのかもしれない。しかもその場が緊迫感のある最高の舞台であるため、意識がすっかり変わるのだろう。この瞬間に、集中力の使い方が大きく変化することで、大会中にどんどん強くなっていくということとみることができる。

一方で、真剣勝負という場が恐ろしくなり、実力がまったく出せなくなる選手がいることも事実である。普段の練習量が大きく差をつけるところである。毎日の練習に満足して大会に臨めば、負けて悔いなしという心境に立てるが、平素の練習に満足がいかなければ、心が定まらないままマットに上がることとなる。勝っても十分な満足が得られず、負けても正しい反省ができないのである。

つまり、真剣勝負の場が、選手の心しだいで真剣勝負になったり、ならなかったりするということである。

極限状態は自分でつくれる。つまり、一回一回の物事に真剣に臨むという心づもりの話である。真剣に取り組むことが集中力を養い鍛え、情動をコントロールする力を培う。そのような行為一つ一つがすべて修行ということである。

五

本物の実力は正しい土台の上にしか建たない

稽古の意味

私たちが普段何気なく使っている「稽古」の意味であるが、深く考えたことがあるであろうか。稽古を字義的に読み解くと「古（いにしえ）を稽（かんが）える」ということである。つまり「古」とは、毎日の鍛錬が長い年月をかけて編み、継承してきた技術であり、「稽える」とは、自分でも正しく追体験をするための創意工夫のことである。

武道や芸道における言葉であり、先人たちの練り鍛えた技術の伝承という意味である。技の本質にいかに迫れるかが稽古の目的であるから、形の「真似」から入って、常に自分なりの創意工夫が重要なのである。「解った」「身に付いた」と思っていたことが、稽古の更なる進歩の先に至って、「解った気になっていた」「身に付いた気になっていた」と気付かされる。日本の武道はどれをとっても簡単に極められるほど底は浅くはない。奥が深いからこそ稽古に励むのであり、新しい発見があるから稽古が楽しいのである。

何の工夫もないまま、ダラダラと稽古らしきモノを続けていては楽しくはないだろうし、長続きしない。せっかく縁があって武道に出会えたのだから本当の意味での「稽古」に励んでほしい。

空手では形の競技が独立して存在している程に、形を重要視している。現在、試合制度が発達してきた影響で形と組手が分化され、組手選手は組手だけ、形選手は形だけを練習する風潮にある。しかし、昔は組手選手も形選手も両方の練習を行っており、総合的に評価されていた。

理想的なかたちとしては一人の選手が形も組手もできるのというのが一番いい事は言うまでもない。競技会では形競技も組手競技も優勝を目指して練習する事が望ましい。

形の中には組手に通じる要素がたくさん含まれており、形を学ぶ事は形選手、組手選手、問わずに常に重要なのである。

形は先人たちの経験から導き出された創意工夫であるから、形を読み解く創意工夫が必要である。ただ何も考えずに繰り返すのなら体操と同じである。武術としての動きの意味を考え、体を使って理を深める必要がある。形はその武道のエッセンスであるから、自己流に陥らないことが重要である。約束組手、自由組手と稽古が進む中で形の重要性に「ハッ」と気付くことであろう。

基本を学ぶ重要性

武道の稽古は形の練習が基本にあり、空手に限らず、剣道でも柔道でも合気道でも形から入る。武道の根底に流れている武術とは、命のやり取りという極限状態から生まれた「術」であるから、正確に確実に伝承されなければならぬものであった。命を落としては全てがゼロになるわけだから、形の中には最も大事な部分が内包されていると考えて間違いない。練習を重ね、ある境地に達して「あっ」と、習い始めに教えられた形の本質が理解できるという経験をお持ちの方も多いのではないだろうか。

形の練習とはある境地に近づく方法論である。時には理由を度外視し、身体に覚えこませることが先決ということもある。師について学ぶということの重要性がここにある。理屈はどうあれ、師の言葉を信じ、ひたすら励むことが求められる場面である。

これは武道の鍛錬に限ったことではない。学業における授業や職場における仕事などの中にもこのようなことはある。どのようなときでも教える側の経験は理屈抜きに「技術」である。経験を伝授してもらう立場は常に謙虚でなければならない。逆に教える側の教師や上司・

先輩にあたる者は、心して指導に当たらなければならないということだ。将来、皆さんも後輩や初心者を指導していく立場となるのだから学ぶということの意味をよく理解しておくことも重要である。

意識から無意識に

指導者の言うことを素直に実践することが大事だと書いたが、初めて習う「形」や「技」の場合、最初のうちはどうしても頭で考えてしまい、指導者の指導どおりには実践できないものだ。それでも良いから指導者の示してくれる形に少しでも似せて鍛錬するということになる。やがて練習を繰り返して続け、コツをつかむことで、無意識に技を繰り出せるようになる。これが身体で覚えるということである。

なかなか乗れるようになれなかった自転車の練習と同じで、繰り返し練習し、ある日突然に乗れるようになるのと似ている。乗れるようになると逆に転ぶことの方が難しい。身体で覚えるということはこのようなことである。

この身体で覚えるということのメカニズムは次のようなことかと思われる。つまり、同じ失敗を繰り返しているようでも、人間の脳はさまざまなことを記憶し、記憶の中から成功の糸口を引き出し、小さな成功を組み立てて大きな成功へと導いてくれるのではないかということである。だから、漫然と繰り返すのではなく、集中力を働かせて工夫をしながら練習しなければならないのである。

人に見てもらう

さて、工夫して練習すると書いたが、自転車に乗るために大人が補助をしてくれたり、助言をしてくれたのと同じように指導者が練習を見てくれる。色々言われるのが嫌だからと指導者に練習を見てもらうことを拒否していては、成果が出るまでに無駄な時間を使うこととなる。誰かの目を通して自分の身体を見てもらうということが絶対に不可欠なことである。最近ではビデオに自分の姿を撮り、自分でチェックすることも可能であるが、他の人の目を通して客観的に善し悪しを判断してもらい、助言をもらうことが大切である。実力がつき、上位の段を取得した者であっても人に見てもらう、そして助言をもらうということは必要である。自分が指導する立場であっても後輩にチェックしてもらうくらいの謙虚さがなければ本当の実力者とはいえないのではないだろうか。

実力者になればなるほど腰が低くなるといわれるが、実力が本当に伴ってくると「万象我が師」という境涯に立って、あらゆることに謙虚になるものであろう。それこそが修行者の真の姿であり、武道を学ぶ者の心すべきところである。

生活の中の鍛錬

ただし、道場で稽古に励むことだけが武道の修行ではない。平素の生活の中にも武道の修行の下地が脈々と受け継がれてきたことに着目したい。

日本文化の中に武道が発達したことは何度も書いてきたことだが、文化というものは人間生活が作り上げたものであるから、この日本という国の生活の中に武道が発達する要因も多分に含まれていると考えてもよいと思われる。

例えば、昭和30年代頃までは正座をして生活をするのが当たり前であった。正座をすることが下半身の柔軟にも効果があったし、背筋をしっかり伸ばし腰を据える姿勢を躾として強要されたが、これも丹田を鍛えることに寄与したと考えられる。

そのほか、お手洗いも和式であったため自然と股関節を開く姿勢を毎日行っていたことになる。正しく箸を使うことで指先の感覚が研ぎ澄まされていたし、下駄を履くことで下半身の強化がされていたと思われる。また、食生活においても現代とは大きく違っている。このような日本特有の文化生活が、武道を成立させる下地の一部であったと思う。時代は少々遡るが、江戸時代という平和な時代でありながら、武士が刀という武器を携帯し、剣の鍛錬を行っていたことは、更に大きな要素である。

このほかにも生活の中に使われていた道具や躾、生きるために授けられる教育などさまざまな要素が挙げられると思うが、詳細は次の機会に譲るとして、ここでいいたいのは、武道を修行の道と選んだ我々は、日本文化の見直しをし、修行に役立つものは大いに取り入れてゆきたいということである。もちろん帯刀するわけにはいかないが、せめて箸の持ち方、食生活、良い姿勢、正座などはぜひ見直してほしいものだ。

よく、立ち居振る舞いなどに対して「さまになる」ということをいうことがあるが、日本人としてさまになった日本人でありたい。女性の場合はまだまだ着物の着方がさまになっていると感じるが、夏になると「腰が引けて、首が落ち、ひょこひょこと歩いている浴衣姿の青年」を多く見かける。武道をやっている青年たちは、粋に街に繰り出してくれることを願う。

こつこつと積み上げる

少々脱線してしまったので話を戻そう。

稽古を通して技の本質に迫らなければ真の実力は身につかないのであるが、最初は目新しいので楽しんで励むが、やがて同じことの繰り返しと感じてしまってつまらなくなり、おざなりの練習をする者が出てくる。大変残念である。技の本質にまったく触れることなく運動センスだけで先に進んでしまって最後には壁にぶつかる者が多い。

むしろ最初は要領が悪く、飲み込みが遅いけれど、地道に練習を重ね、ある境地に達して、その後めきめきと実力をつけるというケースは少なくない。このタイプの者は、本当の実力を得て精神的にもしっかりとしたものを築き上げる。「ウサギと亀」のおとぎ話があるが、あれは物事の心理を的確に表現していると思う。

自転車の練習でひとつの例を挙げてみよう。父親が長男に自転車の乗り方を教えているのだが、運動能力が低くなかなか乗れるようにならない。ペダルに左足を乗せて、右足でとんとんと地面を蹴りながら自転車を進め、サドルにまたがるということがなかなかできない。

うまく進んでいるようでも、基本が違っているとどこかで壁に突き当たる。

自転車をコントロールできず1メートルも先に進まず転んでしまう。それを見ていた弟が、とんとんと蹴りながら実にうまく自転車をコントロールし、何メートルでも自由に進めることができ得意になっている。しかし、足元を見るとペダルに乗せているのは左足ではなく右足のほうなのだ。いくら自転車のコントロールが自由自在になってもサドルにまたがることはできない。

情景を想像すると笑い話のようだが、道場でも同じようなことは頻繁に起こっている。器用な選手は見様見真似で実にうまく技を身につけ、得意になって先へ先へと進みたがる。しかし、技の本質を無視し、表面上の形だけをなぞっていると、どこかで挫折をしてしまう。この点は指導者の責任が大きいのであるが、残念ながら指導者が技の本質を理解せず、誤った方向に指導しているケースもあるので指導者こそ基本稽古を十分に行っていなければならないということを苦言として呈しておきたい。

悩んだら基本に戻るだけ

技をひとつひとつ正しく積み上げ、人の2～3倍の稽古を積むような人でなければスランプというものはない。人一倍の練習に励む人に限ってスランプは起きてしまうのが実情であろう。そのようなときは、あれこれ悩まないで、基本稽古に立ち戻ればよい。基本技は簡単な技だから基本なのではなく、全てのベースだから基本技なのである。先人も一番大事なものだから稽古の初めに置いてくれてあるのだ。先人の知恵と工夫に身をゆだねることでスランプから抜け出せることができる。スランプの後の基本稽古は、技の本質に迫れるチャンスでもある。

自分では身に付いたと思っていたものが、実はまだ本物ではなかったということがスランプの原因なのである。本物の実力は正しい土台の上にしか積み上げられないのであるから、何度も何度も稽古という創意工夫を重ね正しい土台をしっかりと作っていきたい。これが修行というものである。

六　正々堂々とした生き方は素晴らしい

試合で勝つことだけが目的ではない

最近のある武道関連の雑誌に中学生剣士の寄稿文が掲載されていた。要旨は、「僕は相手の弱点を攻めるのではなく自分の得意技で正々堂々と勝ちたい」というものであった。この一文に触れ、とても清々しいものを感じた。

多くの武道競技が勝負の勝敗を競い合うわけであるから、勝つことにこだわるのは当然のことである。しかし、ルールをうまく利用して勝ちをものにするとか、審判が見ていなければ反則に近い方法で勝利してもよい、というようなことを最近の武道競技会で感じることが少なくないだけに、先の中学生の気構えに感心したのである。

私たちの修行する空手道競技会にあっても、ルールの盲点をうまく利用するという精神が多少見え隠れしていることは否めない。勝つことだけが目的となり、本来の修行という本質を忘れてはならないのである。

たとえ試合には勝利できなかったとしても、負けたことを反省することで多くの学びを得ることができるのであるから十分な研鑽を行い、正々堂々と試合に臨むということが最も大切なことである。これからの時代を担う皆さんは自らの競技生活にしろ、指導者としての道を歩むにしろ、あるいは様々な職業についても「正々堂々」と物事に取り組んでいく姿勢を貫いてほしいものである。

世界に感動を巻き起こした試合

この中学生剣士の文章を読ませてもらうことで、彼の師、あるいは親御さんの生活姿勢というものも垣間見せていただいたような気がする。同時に少々昔のこととなってしまったが、ある柔道の試合のことがつい昨日のことのように甦ってきた。

その試合とは、昭和59年（１９８４年）ロサンゼルス・オリンピックにおける柔道競技の最終日、無差別級決勝戦での日本代表の山下泰裕選手が右足を負傷しながらも、ゴールドメダリストの栄誉に輝いた試合のことである。

ロサンゼルス・オリンピックの四年前に行われたモスクワ・オリンピックを日本はボイコットした。この時の山下選手は、「心・技・体」全てに渡って最高の時期であり、金メダル獲得間違いなしといわれていた。日本が不参加を決定し、山下選手は涙を呑んだのである。そして迎えたロサンゼルス・オリンピックでは何としても金メダルを手中に収めなければならないという状況にあった。年齢的には、金メダルを獲れる最後のオリンピックであった。

無差別級の試合が始まり、山下選手の試合に日本国中が注目していた。初戦は無難に勝ち、誰もが山下選手の金メダルを信じて疑わなかった。ところが2回戦（準決勝）にアクシデントが起きたのである。試合には勝ったが、右足ふくらはぎの肉離れという大怪我をしてしまったのだ。

決勝戦を迎え、会場に現れた山下選手は足を引きずり決戦の場に向かった。その表情は平静を装っているものの顔面蒼白、明らかに実力を発揮できる試合ができる様子ではなかった。

決勝戦の対戦相手はエジプト代表のムハメド・アリ・ラシュワン選手であった。ついに試合は開始されたが、いかに山下選手といえども勝てる試合とは思えなかった。あとは気力で一瞬のワンチャンスにかけるしか勝機はありえない。長期戦になればなるほど山下選手には不利であった。当然ラシュワン選手は山下選手の右足を攻めながら長期戦に持ち込みたいところだ。ところが、なぜかラシュワン選手は山下選手の右足を攻めようとはしないのである。まったく不思議であった。ラシュワン選手もエジプト代表という威信をかけての決勝戦である、負傷している山下選手に同情して手加減をするということはありえないし、それは相手選手を侮辱する行為である。

ラシュワン選手が攻めてきた左払い腰を、山下選手はとっさにすかし、そのまま押し倒し、寝技に入った。「横四方固め」である。山下選手が勝てるのはこの時しかなかった。日本国中が「逃がすな、押さえろ」と叫んでいたのではないだろうか。ついに一本が決まる三十秒のブザーが鳴った。しかし、山下選手はまだ押さえ込んだままだった。このチャンスにかける執念だったのだろう。やっと自分の勝利を確信した山下選手の顔は子供が泣きじゃくったように見えた。それほどに持てる力のすべてを出し切っての勝利だったのである。

山下選手の絶対に諦めないという精神が、日本中あるいは世界の人にも感動を与えたし、努力をすれば奇跡が起きることもみせてくれた。しかし、それ以上に銀メダルを獲得したラシュワン選手の戦いぶりに世界中が感動した。

表彰式では傷ついた山下選手を、ラシュワン選手が優しく支えて表彰台の中央に上げた。金メダルの山下選手も輝いていたが、銀メダルのラシュワン選手も大きく胸を張り、輝いていたのである。

試合に負けて名を残した男

試合後にラシュワン選手がインタビューに答えている。

「ヤマシタが右足を痛めていることは分かっていた。だからこそ右足を攻撃しなかった。右足を攻めることは私の信念に反する。そこまでして勝ちたくなかった。そしてヤマシタが強かったから自分は負けた」

というのである。皆さんはどう考えるだろう。これはすでに勝ち負けの世界を超えていると思えないだろうか。山下選手の負傷した足を攻めれば、金メダルの可能性はあっただろう。しかし、ラシュワン選手は、あえてそうしなかった。修行の長い道程には勝負の勝ち負けよりも大切なものがあることを知っていたのである。勝負には敗れても生き方で勝利したのである。

最高の舞台で最高の試合、自分が勝っても負けても、悔いの残らない試合をしたい。ラシュワン選手は正々堂々と戦って、実力通り正々堂々と山下選手に破れたのだ。

武道を修行の場と捉えた者にとっての目指すべき道を示された試合であった。とかく目先の小さな欲に一喜一憂しやすい凡人にとって、その時の勝ち負けが全てのように思いがちだ。しかし、修行者としてもっとも大切なことは、常にベストを尽くすことであり、自分自身に恥じない行いを常に選択していくことであろう。

その後、このラシュワン選手のフェアな試合ぶりが評価され、ユネスコの国際フェアプレー委員会から、フェアプレー賞が贈られたのだった。

いかがであろうか。勝負には負けたかもしれないが、ラシュワン選手は修行者としては大きな勝利をものにしたのではないだろうか。自国の期待を背に受けて両選手ともが負けられない状況であり、世界で唯一つの栄光を手にするかどうかの瀬戸際で、自らの信念に従って正々堂々と闘う。正々堂々という言葉が、これ程までに的確に使われた試合をそれ以後、観たことがない。エジプトのこの男の中に日本で育まれた武道の本筋、武道家の修行の真髄をみた想いがする。

技と心を磨く修行の場

修行に終わりはなく、一回一回の練習、試合、平素の生き方の中にあって、自分にとって何が一番大切なことかを考え続けることが大切である。正々堂々と胸を張って生きていくことは厳しさを伴うことだがそこにこそ修行の真髄があることが理解できたと思う。常に全力を尽くしているかどうかということがその大事なポイントになることも分かっていただけたと思う。

ここまで理解してくれた皆さんにもう少し苦言を呈したい。もう少しだけ耳を傾けて欲しい。それは、皆さんの道場での練習態度であり、試合会場での試合態度、応援の姿勢に関することである。

道場とは技と心を磨く神聖な場所だということをもう一度考えて欲しいのである。道場をピカピカに磨き上げているところは間違いなく強い選手が多い。事故や怪我もほとんど無いのである。そんなことは関係ないと思われるかもしれないが、これは厳然たる事実である。

道場を磨くことが技を磨くことに通じ、心を磨くことに通じるのである。

本節で触れた正々堂々と戦うこととあい通じることであるが、汚れた道場で正々堂々と闘うという心が磨かれるわけがない。体育館であれ、武道場であれそこは道場である。しっかりと磨き上げて清清しさの漂う道場に仕立てて行こうではないか。

試合における心の置き場

最後にもう一点だけお話をし、本節のまとめとしたい。それは、特に競技会での皆さんの態度に関しての苦言である。

競技をしているコート内での選手一人一人の一挙手一投足は修行者のそれでなければならないと思うのだがいかがだろう。例え団体戦で仲間の応援という気持ちからかもしれないが、周囲の選手が試合の当事者に大きな声で指示を出しているという姿はいただけない。

また、勝利をものにしたチームが大喜びで抱き合っているという図は武道の競技とは似つかわしくないような気がするのだがいかがだろう。

他の武道と比較されたのでは気持ちよくないかもしれないが、剣道の競技会では、いわゆ

るガッツポーズさえ禁止されているではないか。

最近のことだが、剣道の試合で、勝者が本当に小さく、小さく「よっしゃ！」という想いで、握りこぶしを強く握った姿が審判の目に止まり、その時点で勝敗が入れ替わったというのを伝え聞いて、我が空手の競技会の様子を思い出し、少々赤面の至りである。

勝敗が決しても憎しみや恨みの残らない試合、互いの努力と精進を互いに認め合い、感謝の残る試合がどれ程人間形成に寄与するか分からない。また、敗れた者は自らの精進不足を省みて更なる努力を心に誓い、勝った者は更なる高みを目指し精進を胸に秘する。これこそが武道の修行といえないだろうか。

自分の人生に自信と責任を持ってしっかりと歩む、その原動力となるのが武道の修行を契機として歩み始めた修行の道なのである。たとえ、競技者としては引退したとしても、例えば指導者として長い人生を送る者もいる。あるいは社会人して空手で学んだものを活かしながら人生修行に励むものもいる。

常に自分の言動行動が修行の連続であるということを忘れずに励みたいものである。

七　強くなるための「読書のススメ」

修行道には道標がある

往々にして、上級者になると稽古に行き詰まりを感じることがある。そして、このような悩みは繰り返し訪れる。実は、物事が飛躍的に進歩する直前には、進歩していないのではないかという想いに襲われることが往々にある。これは、あるところまで実力が伸長した証拠であるから、もう一歩で次の段階の扉を開くことができるのである。このようなときこそ自分の実力が伸びるときであると信じて稽古に励んで欲しい。

ところがその最後の一歩が大変時間がかかることがある。このようなときは、ぜひ先人達の言葉に耳を傾けて欲しい。修行道をはるか向こうにまで到達した先人達が実に多くの示唆に富む言葉を残してくれている。先人の言葉に触れて、一瞬にして目の前が開けることがある。

例えば、あまりにも有名ではあるが、宮本武蔵の『五輪書』である。いきなりそれを読むというのは無理だが、様々な解説書があるのでぜひ手にとって欲しい。皆さんが、今悩んでいることの答えが、「なぜ私の悩みが分かるのだろう?」と驚くほどに明確に、先人は、後

宮本武蔵の著した『五輪書』の中には、空手家にとってもさまざまな示唆がある。

人のために「道しるべ」を残してくれているのである。

もちろん、古人の著作に限るわけではない、現代に生きる武道家が様々に書籍を発刊しているので、空手に限らず様々なジャンルの武道関連書に目を通してみることもお勧めする。中には、いい加減な理論で読者を煙にまくものもあるので注意しなければならないこともあるが、自分の経験を通して論を進める内容のものは、必ずどこかに修行の参考になる文章がある。自分の修行のレベルに合わせて良書を探し出してみてはいかがであろう。

少々難しい部分があるかもしれないが、『気・修行・身体』（湯浅泰雄著）は、仏教・道教の瞑想法、芸道、武道、気といったことを「修行」を中心に据え、深層心理学・心身医学・大脳生理学等さまざまな角度から、東洋的心身論の現代的意味とその可能性を明らかにしているので、ことある毎に目を通してもらいたい。

一見むつかしそうな本で、一体何が書いてあるのか全く分からないという本であっても、修行が進み、技術が向上してくると内容がスルッと理解でき、その後の上達に大いに寄与してくれるものである。普段から本を読む癖をつけておきたいものである。

武道以外の修行の道

武道ばかりではなく、その他の修行に関する文献を何点か挙げてみたい。

武道に限らずあらゆる運動競技でも、職業でも、最初は形から入る。形には、先人の知恵が集大成されているのである。

例えば、職人と呼ばれる人たちの技術は一朝一夕に身に付くものではなく、長い、長い訓練期間を必要とする。もちろん個々人の感性や理解力にもよるであろうが、それでも一人前に成るには、たゆまぬ努力期間が必要となる。

最初は不器用で、とてもその職業に向いていないと思われる者でもひた向きな努力と時間が職人を作る。それは先輩や親方のやり方を真似るところからスタートする、いってみればそれが形である。よくスポーツなどでも「職人芸ですね」と選手のテクニックを評価することがあるが、時間をかけて技を磨き、やっと身に付けた技術という意味で使う。

この意味で、武道の関係書籍ばかりではなく職人の世界を書いた本なども大いに示唆に富むので、ぜひ皆さんに読んで欲しい本がある。

『木のいのち木のこころ（天）』（西岡常一著）、『木のいのち木のこころ（地）』（小川三夫著）である。新潮文庫だが、書店にはすでに置いていないので、図書館やネットで探してでもぜひ読んで欲しい。西岡常一氏は故人だが、京都・斑鳩の宮大工で法隆寺の修復を手がけた職人中の職人である。その弟子が小川三夫氏で、どちらの著作にも修行をするということがどのような意味があるのかということが実体験を通して書かれており、多くのことが学べるのである。

修行の道に就く

小川三夫氏の著作では、他に『不揃いの木を組む』も、お勧めしたい。自分の弟子を宮大工に育て上げるという実体験から書かれた内容が、武道家に求められる資質と相通じる部分が多く、どのように師から学ぶのか、身体のつくり方、一人一人の個性と技の磨き方など、どのページからも大きな示唆を得られる。

小川氏は、現在「鵤工舎（いかるがこうしゃ）」という宮大工を育てるための組織をつくっている。高校の修学旅行で法隆寺を見学した小川氏は、こういう寺院を建築する仕事をしたいと、高校を卒業する直前の１９６６年に、宮大工である西岡氏を訪ね、弟子入りを希望した。しかし、当時西岡氏は仕事が無かったため弟子を置くことはできないと断わった。その後小川氏は、東京の家具屋に就職するが、そこはノミやカンナを使わないので辞め、長野の仏壇屋に1年間弟子入り、次いで島根県で神社の社殿の図面書きを約1年間する。更に兵庫県の神社の修理事務所で数ヶ月働く。そうこうしているうちに、西岡氏が、奈良法輪寺の三重塔の再建を担当することを知り、再度弟子入りを願い出て許されるというのであるが、そのときすでに3年の月日が過ぎていたというのである。

小川三夫氏は西岡常一氏のただ一人の内弟子として立派に成長し、優れた宮大工の棟梁になり、今度は自分が次の世代を育てるため『鵤工舎』を設立したというわけだ。

職人の世界と武道の世界は似た点が多くある。視点を変えて武道を見るきっかけとなる。

『不揃いの木を組む』を、空手の世界に置き換えて読み進めると、職人の世界と武道の世界の共通性が良く分かる。身体で覚えるということがベースになったものは運動競技であれ、職業であれ極めていくと本質が同じなのである。本質は同じであるが、アプローチの仕方に違いがあるからものを観る視点が違っている、そこが実におもしろいのである。

修行における形の重要さ

先人達の言葉に耳を傾けると、どうやら修行とは心の鍛錬と身体の鍛錬を通し、心と身体が一体化するところに面白さ、本質があるようだと気付かされる。

そうして、身体を使って技術を習得するものはどのようなものであれ、基本となる形の繰り返しで習得するものである。それほどに形は大切なものであるということは皆さんもよく理解しているだろう。

武道の中でも空手は特に形に関しては色々な側面をもっている。もともと空手は形そのものであり、形をくずして基本稽古の体系を作り上げたものである。だから、組手以外にも形を競い合う競技があるわけだ。

そして、残念ながら形を身に付けるための近道は無い。ひたすらな稽古の繰り返しが最短距離である。頭で理解しても、身体が理解するというわけにはいかないので身体に叩き込むしか方法は無い。

「形から入り、やがて形から抜ける」というが、一度はしっかりと形に収まることが前提となる。形の重要性を知るとその稽古に熱が入る。

古人の書によれば、ほとんどの武道、芸道などは形を身に付けるためにスタートするのに適した年齢があるという。その感性年齢は、幼年期に始まる。頭で理解するより、身体で理解させることが重要であり、身体がほぼ完成される歳がこの時代なのであろう。芸道の最古典の指南書として現在でも色あせないものがある。世阿弥の著作『風姿花伝』であるが、この書の中にも七歳が芸事の習い始めに適した歳とある。

　空手や他の武道、スポーツでも世界のトップに立つためには、六、七歳から学ばせろといわれているので、やはり身体で学んでいくものは、どの道も似かよっているのだろう。ちなみに、自分は空手を中学から始めた、高校から始めたという皆さんも多いと思うので、幼いうちにスタートしていないことを落胆の材料とする人もあるかもしれない。悲しむことはない、無心になって稽古ができれば、限りなく幼い頃からスタートするのと同じことである。なまじあれこれ考えるから習得が遅れるといえる。頭で考える暇がないほど夢中に身体を動かして欲しい。

　芸道と武道も大いに近いものがあることが理解できたであろう、『風姿花伝』の中にも修行の本質が色々と述べられていて、さまざまな解説書が出ているので、そのような解説書を参考にし、修行の道しるべとして利用したい。特に形の選手にとっては多くの示唆、ひらめきがあるので、解説書でよいからぜひとも内容に触れてみることをお勧めする。

「文武両道」の真の意味とは

今回は、修行の本質を示してくれる何冊かの書物を紹介した。練習では無心に身体を動かし、練習を終えたら書物に触れて欲しいというのが本節のメインテーマであった。武道の修行のおもしろさは、先人が極めた道を言葉に残しておいてくれているということだ。もちろん言葉だけで道は極められない。修行の成果が体得された者にのみ、次に進むべき方向が示される。先人の歩みの上に正しく自分の踵（かかと）を置くと先人の努力が後人に何の代償も無く付与されるのである。

昔から「文武両道に秀でる」といわれるが、昔の文武とは、四書五経の暗記と武術の修練を意味していたようであるが、ここでは先人の理論書に深く触れながら修行の道を歩むこと、そして技術を正しく体得していくことを「文武両道に秀でる」と定義したいのだがいかがであろう。

空手を習い始めると、とにかく強くなりたいという一心でがむしゃらに稽古に励む。それはそれで間違いではないが、正しい理論の上に鍛錬することが必要であり、師や先輩から適切なアドバイスをもらうことが望ましい。それゆえに、師や先輩もまた「文武両道に秀でる」ための努力として、平素から書物の鍛錬にも努力しなければならないことは言うまでもない。また、皆さんもいつかは指導者となるのであるから、文武の学びの手を緩めないよう努力して欲しい。

武道の修行がやがて人生の修行となり、相手との勝ち負けではなく自分自身との闘いとなり、「弱音をはかない」、「必ず道は拓ける」との強固な信念を作り上げ、人として少しでも高みに立てるようお互い頑張ろうではないか。

八

心の鍛錬無くして「明日を拓く」術は身に付かず

修行とは心の鍛錬である

詰めが甘いといわれる選手がいる。いいところまでいくのだが、今一歩のところで負けてしまう選手だ。「善戦はするのだがなぁ…」といつも言われ続けている。試合では、実力にそれ程差がなければ、もがき切った方が勝つ。つまり、勝つことを諦めた方が負けるのである。最後の最後まで勝負を捨てないという決心こそが大事なのである。もちろん勝負の勝敗だけが全てではないし、勝ち負け以上に大切なものがある。その点では本稿でも何度も書いてきた。しかし、ここで言いたいことは心の持ち方、あり方が物事の勝敗を決めることを知ってもらいたいのである。

「相手の気迫に押される」、「ここという時に踏み込む勇気がない」、「簡単に諦めてしまう」これらは全て「心」の問題である。稽古をすることで心も鍛えているはずなのだが、心の成長の度合いはなかなか目に見えないものであるから心の鍛錬ということは意識されなくなってきたのかもしれない。

だが、「心」の問題は修行を推し進めるときに大変重要なことである。修行とは心の鍛錬であると言い換えても良いほどである。心がある程度鍛えられていたら武道の修行であれ、学業であれ、仕事であれ半ば成就したといっても差し支えないくらいのものである。

筋力を鍛えれば筋肉の発達でその努力、結果が見えるが、心の鍛錬の度合いは自分では計りにくい。自分より他人の方が適切に判定できるものである。指導者の立場から言わせてもらえば、心の鍛錬のできている生徒、選手は一目瞭然である。いい家庭環境で育てられた子だな、いい道場で稽古をしているな、ということは挨拶ひとつからでさえ分かるものである。少し会話をしてみれば、心の練れた人であるか否かがはっきりと分かる。心を鍛錬している人は、相手の気持ちを推し量るだけの心の余裕を持っており、人間性という器の大きさを感じさせるものである。

心を鍛える第一歩

さて、心の強化ということであるが、心を取り出してここが弱点であるからここをこのように強化して、というようには鍛えられるものではない。目に見えないものだけに取り扱いは難しいのである。それゆえに武道の修行の具体的な方法論を推し進めることで、おのずと心の強化ができるようにこれまでにさまざまな角度から実践方法を述べてきた。理解をしてくれた人もあるが、まだまだ難しいという読者もいた。ここでは難しいという皆さんを対象に心の鍛え方の基本を論じようと思う。基本とはいえそれは根本であり原点であるからある程度修行が進んだ皆さんにとっても大いに参考になると思う。

まず、心の強化の第一歩という点から論を進めてみたい。

試合で真剣に戦っている時を思い返して欲しい。必死の攻防の末、「苦しい、もう駄目だ、負けても仕方がない」と思った瞬間に緊張の糸が切れたという経験は誰しもが持っていると思う。この瞬間に相手に極められると何とも言えぬ嫌な思いがするであろう。技で負けたのではなく、自分の心の弱さで負けたとの想いが出るからである。

このような時に自分の試合結果に言い訳が出るようでは心の強化は望めない。「もう少し走り込みをしておけば…」「ペース配分が…」等々言い訳を反省と勘違いする選手がいる。心がまったく鍛えられていない証拠である。少しなりと心を鍛えていれば、言い訳の前に自らの欠点に落胆するものである。自分の心の弱さに憤りを感じるともいえる。それが先に述べた「嫌な想い」である。嫌な想い、惨めさというものをしっかりと味わってこそ心の強化の第一歩である。つまり心を鍛えるためには自分の心の弱さに気づくことから始まるのである。試合を例に取ったが、このような嫌な想い、惨めさは日常生活でも味わうものであるから、そこから逃げずにその想いを見つめて欲しい。

弱い心の原因は何処に

見えない心というものをどのように鍛えるのか、答えはズバリ平素の生活である。例えば起床からの生活を例に取れば、朝起きて顔を洗い口をすすぐことから、朝の挨拶をすることや早朝練習、食事、登校、出勤という普段の生活のことである。

生活をすることが心を鍛えることとどのような関係があるのかと拍子抜けしたかもしれないが、日々の生活の中に心の鍛錬の基本があるのである。

単純な例を出そう。皆さんの中によく遅刻をする人はいないか？今度こそは約束より早めに到着しようと思うのだがどうしても遅刻をしてしまう。間に合っても本当にぎりぎりの人。遅刻をしても何の反省も無い人は論外だが、遅刻で悩む人は、その心癖が治らない人だ。

その他、やらなければならないことがあるにも係わらず、やるべきことにすぐ取り掛かれずぎりぎりにならなければ取り掛かれない人もいる。夏休みの宿題を休みの最後の日に何とかしようと必死で友達の家へ泣きついていくような人だ。今度こそは絶対早めに宿題を片付けて…と、考えるのだがそのようにできたためしがない。頭では理解できるのだが、身体がその通りに働いてくれないというタイプの人である。

ここに心の弱さの根本原因がある。日常生活がいい加減、行き当たりばったりの行動。言い方を変えれば、成り行きの人生を送っているといえる。自分で自分をコントロールすることをまったく学習してこなかったのがその原因である。学習といっても学校で先生が教えるという類の学習ということではない。家庭での赤ん坊のころからの普通の成長過程でのお行儀、躾といったことである。

つまり、心の鍛錬とは、心のコントロールのことである。自分でこうしようと決めたことを、決めた通りに実行することである。幼いころから家庭で普通に人として大切なことを躾けられた人には当たり前のことが、この学習経験がないばかりに基本の基本である心のコントロールの核が欠如したまま、あるいはその力が弱いまま成長してしまっている人がいるのである。残念ながらそのような人達がどんどん増えてきていると感じられる。

現在、小学校での学校崩壊が問題になっているようだが、かつての日本の家庭には心をコントロールする学びというものがあった。しかし、それが崩壊している表れである。一般庶民から上流階級まですべての家庭にしっかりと根づいていたものが今は崩壊しているのである。

ただし、ここで心得違いをしないで欲しいのだが、家庭の責任、親の責任と言えることかもしれないが、だからといって親を責めることは修行の道に就いた者がすることではない。この点だけはしっかりと認識して欲しい。人間幾つになっても間違いに気がつけば、それを改める能力を持っているからである。自分の欠点に気がついたらそれを自らの力で変えられるのである。これは万人に言えることである。その変える簡単な方法を以下の項で示すので安心して欲しい。

見えない心の鍛え方

朝の生活の例で言えば、朝6時に起きると決めたら6時に起きる。早朝練習を行うと決めたら実際に行う。日記をつけると決めたら日記をつける。間食をしないと決めたら間食をしない。そういう普段の生活の中で、自分にとって良いと決めたルールやこうと決めた決心をひとつひとつ実践することである。できなければできるように反省をし、努力をする。何も最初から大それた決心はしなくていいのである。朝起きる時間を決め、決めた時間に起きるたったそれだけでよい。失敗もあるかもしれないが、やがてそれが普通になるものである。まず決心すること。少しずつ実践できるようになったら、前日疲れて帰ろうが、遅くまで勉強していたなどの言い訳は一切認めず決めたルールを行うという更なる決心を強化していくのである。

本当に小さなことでいいからこれまでとは違う行動を実践してみるのである。小さなことかも知れないが、これが心のあり方を変えてくれるのだ。例え小さなことでもよいから決め事が実践できたら自分を誉めることだ。「いいぞ」「頑張ったな」と実際に言葉に出してやればよい。自分の名前を添えて言ってやれば効果は更に高まる。ばかばかしいと思うなかれ、これが心を鍛える第二段階である。

昨日までは自覚せず本能のまま、あるいは惰性で行っていた行動を自分の意思で変化させる。一つ実行できると喜びがある。もう一つ実行してみよう。実行することが楽しい。こうなるとしめたものだ。心の用い方、心のあり方、心のコントロールがほんの少しできる人間になれたのである。

心の強化の基本は心を変えることができるという自覚である。しかも心を変えるということは誰にでもできることである。変える度合いというものはあるが、少なくとも自分の意思で何らかの変化は与えられるし、本を読んだり映画を観たり、ちょっとした外的要因で変化させることができることは誰でも理解していることだ。

心が変わるとどうなるのか

心が変わるということがどれほど私たちに有意義なことかを示してくれた有名な言葉がある。逆を言えば、心が変わらぬ限りつまらない一生を送ることになるということも言っているかもしれない。

「二十世紀の最大の発見は、電気でも蒸気機関車でもない。それは、人間は心を変えることによって運命を変えることができるということが分かったことだ」と言った、アメリカの心理学者ウイリアム・ジェームスの次の言葉である。

心が変われば行動が変わる

行動が変われば習慣が変わる
習慣が変われば人格が変わる
人格が変われば運命が変わる

いかがであろうか、つまり、心のあり方を変えるとその心のように人生が変化するというのだ。例えば、「負けない」と心に誓う。その結果、いつも善戦止まりだった選手が、善戦に止まらず、結果を出す。心を変えただけで結果が違うとすれば、こんなうれしいことはない。しかも、この心のあり方を変えるきっかけとはそれほど難しいことではない。そのことは先の項で理解していただけたと思う。心をコントロールする能力を磨いて心をほんの少しずつでよいから変えていく。この基本能力が付けば、修行における心の鍛錬の基本は身に付いたといえる。

先の「心が変われば…」の言葉を自らも実践し、生徒達に教えた野球監督がいる。その結果、日本を代表する野球選手を輩出するきっかけとなった。その監督とは、星陵高校野球部監督・山下智茂氏であった。この言葉に感銘し、夢を実現させた男とは、ニューヨークヤンキースの松井秀喜選手である。『心が変われば』副題「山下智茂・松井秀喜を創った男」という本に詳しいのでぜひ読んで欲しい。

山下監督は野球の技術だけでなく、心の大切さをどう伝えられるかを一生懸命に考えてきたという人である。松井選手の潜在意識の中には山下監督の言葉が数多く眠っているという。それが現在の松井選手を支えていると本人が言っている。山下監督も素晴らしいし、それをしっかり実践したという松井選手も凄いといえる。良い言葉を頭で理解するということに止まらず小さくても良い実践することである。素晴らしい言葉も実践しなければ何の意味もない。

先の言葉をもう一度読んでみよう。この言葉の素晴らしいところは、単に心を変えろとは言っていない。心を変えることで行動に違いをもたらせれば習慣が変わるという事実を述べ、習慣が変わることで人格が変わるというのである。人格が変わると人間の運命が変わるという単純なようで奥の深い言葉だ。この言葉で人生を変えたという人は多い。

平素の心癖を改める

平素の生活そのものが修行であるとこれまで本稿で何度も言ってきたが、この意味が今回の解説でご理解いただけたのではないかと思うが、いかがであろう。

平素の心癖を改め、心の持ち方を良い方向に向けることで人生までもが変わる。しかもその推進を修行の日々が後押しをしてくれるのである。「修行で明日を拓く」という言葉の意味もだいぶ明確になってきたと思われる。繰り返しになるが、本稿の締めくくりとしておさらいをしてみよう。

心を変えるとは、起きると決めた時間に起きること、家を出ようと決めた時間に家を出ること、今日やろうと決めたことは今日行うこと、「後で…」「これくらい…」ということに流されない。机の上を整理しようと思ったら整理をすること、爪が伸びていることに気づいたら爪をきること、こんな些細なことだ。

ばかばかしいようだが、ちょっとした心を変えられない皆さん、これ以上シンプルなことはない、気がついたら気がついたことをしなさい。これだけでいい。大きな決心の前に小さな実践の積み重ね。これしかない。

「行う」癖をつける、行わないと気持ちが悪いと感じるほどに癖をつける。些細なこと、本当に些細なことを実行すること、そのことが心を強化する基本の基本である。

基本を身につけた皆さん、更に心を鍛えよう、心を鍛えて武道の勝者、人生の勝者となろうではないか。武道の勝者イコール競技会での優勝ではない。心が鍛えられてくるとその答えはおのずと見えてくるものである。皆さんの心が良い方向に変化することを心から祈願する。

心が変われば行動が変わる。
行動が変われば習慣が変わる。
習慣が変われば人格が変わる。
人格が変われば運命が変わる。
心理学者 ウィリアム

九

修行の極意は、正しく反省することにある

目標を持った行動

第八節で「心を変える」あるいは「心を鍛える」ことは、難しいことではなく、普段の生活の見直しからスタート出来ることをお話しさせていただいた。

別な言い方をすると、これまで惰性で行動していたことを、意識した行動に切り替えて欲しいということだ。つまり、自分の行動に意味を持たせるのである。何かを行う時にただ漠然と行うのではなく、自分なりの目的を持ち、その達成のために目標を立てる。これが大切なのである。

少し回りくどい言い方をしたが、自分の行動に対して目的と自覚を持つということが、結果的に「心を変えた」ということになるのである。

ただ、曲者(くせもの)が行動と目的との関係である。目的ということの意味が不明確だと、不明確な行動につながるから目的ということをもう少し考察してみよう。

目的の意味を理解する

「知識」「見識」「胆識」という言葉があるが、この言葉の意味をよく理解すると目的ということの意味がよく見えてくる。

漢学者の安岡正篤氏の著書『照心語録』によれば、「人は修養を積んで人間としての器量ができてくると、『知識』が『見識』となり、物事の本質を見抜く力が備わり、更に研鑽を積めば、どのような状況であっても成すべきことは成すという、肝の据わった『胆識』が身に付く」とある。

「知識」は本や人などから知りえた情報であり、このままでは使い道はない。

「見識」はすぐれた判断力のことで、さまざまな「知識」を元に最良の解決策を打ち出すことである。「知識」が十分に咀嚼（そしゃく）されていなければ見識とならない。この意味で、よい知識に触れることが重要である。

「胆識」は、正しいと判断したものを、臆せずに実行できる力ということである。

知っているという「知識」、判断できるという「見識」、実行できる「胆識」ということだ。

つまり、「知識」からは目的が生まれてこない。いくら知識が豊富でもそれだけでは意味を成さない。「見識」とは「知識」プラス経験ということになるだろうか。さまざまなことを体験し、「見識」を養いたいものである。そして実行する。やがて実行すべきことに肝が据わるところにまで高めることが「胆識」となる。

どうだろう、目的を持つことの意味が見えただろうか。

ただ、こう書いてくると目的を持つことと自体が面倒なことと誤解されるといけないので、一言添えると、最初に持つのは目的らしきものでよい。ただし、常に「これでよいのか」と自らの心に問いかけながらそれを修正していけばよい。修正の結果がやがて「見識」となり、正しい目的が見える。

空手の修行と習得レベル

ここまで読んで武道の修行ということから外れていると思われた人もいるかもしれないので、空手の修行と「知識」「見識」「胆識」の関係も見ておくと理解が深まると思えるので試してみよう。

空手で強くなるということも段階的に「知識」「見識」「胆識」のレベルに到達するということと見立てることが出来るだろう。

例えば空手を学ぼうとするときさまざまな解説書があり、ビデオやＤＶＤなども充実している。こうしたもので空手を知識として学ぶことが出来る。しかし、それだけではまだ十分な知識といえないだろう。どこかの道場に入門し、形を習う。この辺りのレベルが空手の「知識」と言えそうである。

「見識」のレベルは、形の流れを理解し、形の意味を考察でき、自由組手の中で自分の技が繰り出せるようになった辺り、つまり色々な判断がきちんとできるようになってきた頃であろう。

最後に「胆識」であるが、とっさの判断が立ち、自信を持って技が繰り出せるレベルがここに当たるだろう。相手のフェイントなどにも動じない。出るべきときに間髪いれずに出られる。相手が見えている状態だ。

どうだろう、こうして空手の稽古に置き換えてみると、目的と行動の関係が見えてくるのではないだろうか。

大きく言えば、武道の修行の目的は自己陶冶であり、自己確立であると言える。その通過点に昇段試験で合格する。大会で入賞する等の目標を掲げる。こうして目標が立つことでやるべき行動が見えてくるし、練習にも身が入る。

空手の修行において、目的を持つとその目的に照らして今現在の自分のレベルが見えてくる。目的が具体的になればなるほど自分の姿が見えてくる。逆を言えば今の自分の姿が見えてこない目的は目的とはいえないのであるから、そこで軌道修正をする必要があるだろう。

自分の心を冷静に見つめる

次に大事なことであるが、これまで目的を持つとか、心を変えるとか見識を磨くというようなことを色々書いてきた。それなりに皆さんも理解をしてくれ、感じてくれたと思う。しかし、最初のうちは自分勝手に理解していることが多いし、自分に都合よく理解していることの方が多いものだ。これは「知識」を「見識」と誤解していることと似ている。まだまだ知識の段階にも関わらず、自分は見識が磨かれてきたと錯覚する時期が必ずあるのだ。驕らず、謙虚に自分を見つめて欲しい。

自分を正しく見るということが、修行では大切なことであり、常に自分自身を第三者の目で見るというクセをつけるように努力しなければならない。

この逆のことは教えられなくとも簡単に出来る。出来るというより簡単にそうなってしまう。例えば、何か腹立たしいことに遭遇したとき我を失うということがままある。あるいは有頂天になって冷静な判断を失う。突発的事故に遭遇し、思考が停止してしまう。このような時はまったく自分が見えていない。（後で冷静になって考えるとなぜあんなことをしたのか、と思うのだが……）

つまり、自分自身がいる場所、自分の姿、心の状態等を自覚できるかどうかが運命の分かれ道だ。常に第三者の目で自分を見ることが出来るようになれば、無駄な行動が減るし、後悔することが減るはずである。

皆さんの中に失敗をすると、落ち込みながら自分の失敗を後悔している者がいると思う。後悔は、自分を見つめているようで、まったく自分を見てはいない。第三者的に自分が見えるようになってくると、後悔ではなく、次はどうしようという具体的な目標をたてることが出来る。これを反省という。目的がしっかりしていると後悔している暇はないのだ。

反省すべきものに対して正しい反省をすることにより、正しい価値基準を作ることが出来る。これが「見識」のベースとなる。出来なかったことを解決していくことで判断材料を少しずつ蓄積していくことが出来る。

何か失敗をしても、一晩眠れば心の萎えは少し回復する。しかし、これでは修行にならない。結局は同じ間違いを何度も繰り返すだろう。間違いを間違いと認識し、この間違いを正しく軌道修正しない限り、何度も何度も同じ間違いを繰り返し、後悔の連続となる。これを繰り返さぬためには、正しく反省をするという方法しかない。つまり、先に進むためには反省をし、軌道修正するしかない。実によくできたシステムではないか。

反省が出来ず、後悔を繰り返している人は、なぜこのシンプルなシステムを利用しないのか不思議でならない。もう一度言おう、人間の間違いを発見するセンサーが備わっている。間違いを発見したら、軌道修正をしなければならない。この感覚が鈍ると間違った方向に進んでいてもまったく気がつかない。人間にはこのセンサー能力がすばらしいものなのである。

空手を始めた原点に戻る

さて空手を学ぶ目的はなんだろうか。健康な身体、相手の暴力に屈しない力、強い精神力の強化、色々あるだろうが、目的がなくなると目標があいまいとなり練習に身が入らなくなってしまう。人間誰でも面倒なこと辛いことは避けたいものだ。あれほど楽しかった練習が辛くなり面倒になるときがある。そのようなときこそ自分の目的をもう一度見直して欲しい。

出来れば第三者の目で自分を見てほしい。

相手の欠点は、はっきりと見えるものだ。自分のことはうまく判断が出来ない人も、意外と他人には適切なアドバイスが出来たりする。

例えば、こんな経験はないだろうか。友だちが空手部を止めると言い出したとき「こいつ練習が辛くなったんだろうな。でも、もう少しで強くなるのに、今やめたらもったいないよ」などと他人のことならよく見えることが、今度は自分が何かのアクシデントに遭遇したとなると急に冷静な判断が出来なくなる。

話を戻そう。空手を始めたきっかけを大切にしたい。強くなりたい、暴力に屈しない、いじめられたくない、かっこいい、精神力を高めたい、丈夫な身体を作りたい、今の自分を変えたい…、様々な思いで、空手を始めたことと思う。中には友だちに誘われてなんとなくという人もいるかもしれない、そんな人にしても何かひきつけられるものがあったから入門（入部）したわけで、何の感情もなく始めたわけではないだろう。

どのようなきっかけであってもそのときの心を大事にしたい。男の子で、空手を始めたら女の子にモテるのではないかと始めた人もいることだろう。それでいいのだ。始めたきっかけを大切にして欲しい。モテたいと始めたことが、練習を重ねているうちに空手そのものの魅力にひきつけられるようになったり、健康体になっていくことや、汗を流した後の爽快感に喜びを感じ始めたりと心が変化していくことは大いに結構。体験しなければ分からないものだからである。

目的は常に高く、行動はすばやく

ただし、常にこの心というものを見つめなおし、練習とやる気を継続できるように目的を明確にしておく必要がある。モテたい一心で始めた空手、ガールフレンドが出来たらもう空手はいらない。多分そうはならないだろう。空手の面白さに一度入り込んだら、必ず空手の練習、試合、人間関係等々から新たな目的が出てくるはずだからである。ただし、目的と目標を取り違えてしまうととんでもない失敗をしてしまう。

大会で入賞するということは目標であって目的ではない。目的は「精神力を磨く」「健康体を作る」等々目標の先にあるものである。高校生諸君が大学進学を目標に受験勉強を行う。これは大学で学問を修め、将来の自分の道を開く、やがてはその学問を活かして事を成す。というように目的を明らかにしていなければ大学に入学して次の目標が定められずに遊びまわるか、悩み続けることとなるのと同じだ。

空手を始め、空手の魅力を少しでも感じてくれたと思いますが、空手の道の奥深さと空手を学ぶことで、たった一度の人生を有意義に過ごして欲しい。空手の修行を通して人生の目的をおぼろげながらでも定めることを知って欲しい。今はまだ遠くに見えるぼんやりした微かな光かもしれないが、その光を目指すことで人生の目的が見えてくることを少し先を歩く先輩として断言しよう。

人生の目的を少しずつでも見定めていく努力をすることで自分の存在価値が見えてくるものである。目的を遠くにおいて目標を明確にし、目的に少し近づく。目的が明確な人は目標も立てやすいだろう。

次のような言葉を最近ラジオで聴いた。出所が明らかではないのでは正確ではないかもしれないが、この言葉を締めくくりの言葉としたい。目的と行動の関係を言いえているような気がするのだが、いかがであろう。

永遠の命だと思って夢を描き、
明日死ぬのだと思って今日を生きる。

十

道場での気迫のぶつかり合いが修行の向上となる

なぜ君は叱られるのか

「親の心、子知らず」という言葉があるが、まだまだ若い皆さんには分からない（分かりたくない）言葉かもしれない。

子供のためと思って諭す親の言葉が、むなしく子供の右の耳から左の耳へと通り抜けていくのである。人生の先輩である親にとっては、自分の失敗を子供には踏ませたくないとの思いから助言するのだが子供には理解できない。親子のギャップはいつの時代も埋められないのである。

武道の稽古でもこの言葉がピタリと当てはまることが多い。「師の心、弟子知らず」ということだ。見所《みどころ》があると思えばこそ厳しく指導するのだが、弟子にしてみれば「何で俺だけがいじめられるのだろう」というようなことがよくある。

武道をやってみたいという心を持って入門（入部）したのだと思うから多少厳しい指導にも付いてきてくれるだろうと考えるが、師の心はなかなか伝わらない。師が一所懸命になればなるほど師弟関係のギャップが深まることがある。

稽古の本質がつかめるようになれば師（監督・コーチ・先輩）の心が見えてくるし、自分の姿が見えてくる。そうなれば稽古がますます楽しくなってくるのである。楽しくなれば、強くもなる。師の厳しい言葉に感謝の気持ちが出てくるのだ。

稽古に望む心組み

本稿を読んでくれている皆さんには、ぜひ知ってもらいたいのだが、師と呼ばれる人もまた同じ修行の途上にあるのだ。皆さんより数段上を歩いているとしても、同じ修行人だということを理解して欲しい。同じ修行の道に就いている一人の先輩なのである。先輩は後輩の姿がよく見えている。なぜなら自分が通ってきた道だからである。そして、師と呼ばれる人は自分の到達した地点まで弟子を引き上げたいという思いで接しているのだ。

ただし、武道に限らず身体で覚える物事というのは、言葉では十分に説明がつかない。時には単調なことをかなり長期に渡って繰り返すことが必要な場合がある。本人の稽古の積み重ねが無ければ身体が覚えてくれないのである。このような時、師としてはアドバイスしか出来ない。だから、アドバイスに気迫がこもるのだ。

このアドバイスの如何で修行の道をゆっくり進むか、一気に駆け上がってくるかの違いはある。だからこそ指導者は見込みのある者には気迫を持ってアドバイスをするのである。時には罵声のように聞こえるかもしれないが、それは愛の固まりなのである。この気迫を弟子が正しく受け止められないと師から弟子へは何も伝授されないのである。

武道の魅力とは

弟子一人ひとりの特質が分かれば適切な指導が可能なのであるが、大勢の弟子がいればそれはなかなか難しいものである。弟子の側から積極的に師に学ぶ、師から技を盗み取るという心組みが必要なのは当然のことなのである。繰り返すが、師は見所のある者には気迫をもって迫る、それが厳しいと映るかもしれないが、弟子はその気迫に対して稽古量という気迫で返していかなければならない。このコツ(関連性)がつかめた者は瞬く間に上達していく。天狗になることさえなければ立派な武道家として、また人生を修行の場として捉え多方面に活躍することが出来るだろう。

もちろん、弟子一人ひとりの性格を見定め、適切な指導をしてくださる先生も大勢いるから、「私は叱られないから素質が無いのか」と悲観しないように。要点は師の心に入るということなので取り違いをしないで欲しい。

ただし、空手でいえば中には健康や美容のために、という目的のために稽古に励む者がいることも知っている。武道が人生修行の道と言われてもピンと来ない人も大勢いることだろう。それはそれでよいと思う。スポーツとして楽しむことも大いに結構である。

ただ、武道というものは、技が上達してくるとその奥の深さが少しなりと感じられるようになってくる。その奥の深さとは、単に運動面の上達にとどまらず、心的作用の変化があるということが面白い。そこに魅了される者も少なくないのであり、当初の目的である健康や美容効果よりも、武道が人生の一過程であるという事に気づいてくれることを期待している。

稽古で磨く人間関係

少々持って回った言い方をしてしまったので、一つ例を挙げよう。

どの武道であっても「礼」を大変重要視する。稽古を通して、「礼」の大切さが身についいてくる。それは、相手との人間関係を深く意識することを知らず知らずのうちに学ぶからである。相手がいないと稽古にならないということもあるし、自分の稽古に対する気の入れ方が相手に伝わってしまうという点も学びである。つまり相手の心を読まない限り稽古にならないのである。この稽古の成果は技の上達につながるわけだが、同時に社会における人間関係の学びでもある。社会と書いたがそれは家庭や学校生活も含まれる。社会生活における人間の関係性を学ぶのに武道は最適なのである。

社会生活に関してはもう一言述べておきたい。

昔の家庭では行儀作法をかなりやかましく言われたが、今では、武道でもやらない限り行儀作法をいわれることは少ない。だから、お客さんを下座に座らせてしまったり、お客さんの目前や背後を平気で行ったり来たりしてしまうことになる。

武道をやっていると、人の目の前を礼も無く横切るということは認められないし、ましてや不意に人の背後に廻るということが、どれ程相手に危険を与えることかを承知するであろう。つまり、身をもって礼儀作法の基本を学ぶことになる。

「気」のこもった道場

話を稽古の取り組み方に戻そう。稽古の基本は師の指導にスッポリと入り切ることだ。師の心に入ることが出来ると、師は誠心誠意弟子の指導、技の伝授に心血を注いでくれる。

熱心な稽古に対して「気合のこもった稽古」といい、「気迫を持って稽古をすることが重要だ」ということはこれまで耳にタコが出来るほど聞いてきたと思うが、気合のこもったあるいは気迫のある稽古とはどのようなものだろう。これは大声を出すことでも、ドタバタ走り回ることでも、ただ単に一所懸命やるということでもない。それは稽古に「気」を込めるという意味である。

つまり、稽古に精神を集中し、全エネルギーを稽古の場に持ち込むことである。そのためには、心身ともに健康であらねばならない。仮に心配事などがあっても道場に一歩足を踏み入れる前に道場の外に置いていく必要がある。道場には「気（気迫、気概、エネルギー、活力…）」以外は持ち込んではならないのである。

それぞれが道場に持ち寄る「気」の練り合いが稽古であり、師に学ぶ際に必要なものもこの「気」なのである。

気のみなぎる道場ということを考えていて、以前、船越義珍先生の書を見せていただいたことがあったことを思い出した。そこには「瑞氣堂満」と書かれてあった。「すがすがしい気が修行の場に満ちている様子」との意であろう。清浄な気が満ちるところが修行の場とのお教えだと感じた。

「本物の気」なのかどうか

「気」を稽古に注ぎ込むことが技を磨き、人間形成を行う上で重要だということが理解していただけたと思うがいかがであろうか。

ただし、「気」と言っても実際は見えるものではなく、感じるものであるから自分では「気」を込めているつもりが、ただの破れかぶれであったり、カラ元気に過ぎなかったということもありうる。「気」というものの認識は重要である。

本物の「気」かどうか、を確認する方法は無いのだろうか。

実は、前節で紹介した目的意識と深く関わっているのがこの「気」なのである。例えば、身体が軽く動きもよい非常に調子が良いというときは身体も活力に満ちていて気が充実している状態だろう。ただし、それが本物の気であると言うのは心もとない。なぜなら、この程度の「気」ではチョットしたきっかけで萎えてしまう可能性を多分に秘めているからだ。

「本物の気」とは、一過性のものではない。それは目的意識に裏打ちされたものであり、何かのきっかけで萎えるという類のものではないのである。

例えば師の激しい言葉で萎えてしまったり、同輩などの心無い言葉などでめげてしまうというようなものは決して「本物の気」とはいえない。

理想、夢、目的というしっかりとしたバックボーンの上に築き上げられているのが「本物の気」である。心が衝き動かされる、ワクワクするといった心境に立脚したものとも言えるので、今一度熟考して欲しい。

具体的な稽古の取り組み方

これまで抽象的にいわれてきた武道における稽古のあり方が、ここでだいぶ明確になったと思う。

整理してみると、武道の稽古とは目的意識に裏打ちされた「気」を持ち寄って互いに人間性を練る。稽古の場では武の技術を磨くと同時に、社会における人間関係性を学ぶということになると思う。いかがであろうか、稽古をするという基本姿勢が分かってもらえただろうか。

それでは、更にもう一歩、具体的な部分に踏み込んでみよう。

気を込めた稽古というと激しく動くことと誤解する人がいるが、そうではない。むしろ肩の力を抜いて静かに対峙しているものだ。相撲で互いの力士の気が充実して時間前に立つということがあるが、見たことはあるだろうか。残念ながら多くの場合、気が充実してというよりは睨み合って互いに挑発し合って立ち会っているようにしか見えない。

気が充実するとは「胆」に力が集中しているといった感覚で、肩の力が抜けどのような攻撃にも即応できる、あるいはいつでも速攻が仕掛けられる状態だ。表情を見ると穏やかで、むしろ闘争心など微塵《みじん》も見せないといった風である。柔道で言う「押さば引け、引かば押せ」という心境で、相手にスキが一瞬でもあれば、間髪いれず打ち込むことの出来る状態とも言える。

ハイレベルの集中力が必要とされるから、長時間の練習であれば、定期的に休息を組み込む必要がある。

むしろ練習時間は短くとも効果、効率はかなり高いといえるので、稽古にメリハリをつけ、時には早く切り上げて瞑想や書籍などの勉強などを十分に盛り込んだ方がよいと思われる。

稽古の進捗や如何に

今現在の稽古に物足りなさがあるなら、それはどこに原因があるのか。多分、表面上の問題ではないはずだ。皆さんの「気」の問題で有り、その根本は目的意識のあり方に原因を見出せると思う。問題を細分化しながら改善をして欲しい。

やがて、一回一回の稽古がすべて自分の血肉になっているという実感を持てるようになれば理想の稽古である。そして、多くの人から期待され、色々と注意をもらえるようになれば本物だ。

老婆心ながら最後に一つ注意を述べて本節の稿を閉じよう。

師や先輩は皆さんに期待して、多くのアドバイスをくれる。時には互いに相反するアドバイスをもらうことがある。このとき皆さんはどちらが正しいのだろうと悩むだろう。実は、まったく逆のアドバイスと思えることであっても、どちらのアドバイスも正しいのである。

そんな馬鹿な、と思うかもしれないが、本当にそうなのである。同じことを説明しようとするが、言葉上はその説明は難しいものである。受け手にとっては理解しきれず、相反していると感じることすらあるのだ。このことが分かるようになれば皆さんはまた一つ壁を乗り越えたことになる。

「万象我が師」（すべての事象がすべて私にとっては師であるの意）との心境に立てたときは皆さんもまた弟子を育てているに違いない。

十一　修行における「素直」の役割

師の言葉は矛盾しているのか？

師の言葉は矛盾しているのか？

例えば、ある時は「突き抜けろ！」といわれることがあり、またある時は「しっかり極めろ」と言われることもある。同じ気持ちで練習をしていても「気合を入れろ」と叱られる時があり、あるときは「力が抜けていて良かった」と誉められることもある。

「先生の言うことはいつも矛盾している」と悩んでしまうことがあると思う。師が指導しているのはコンビネーションの流れの中で注意点を言っていることもあり、技の極めについて説明している時もあり、集中力を求めていることもあり、試合の流れの作り方を評価していることもある。言葉上の違いでしか捉えられないレベルの内は、先生は反対のことを言っていると思ってしまうのである。

このようなことは、上達すればするほど頻繁に起こってくる。ただ、安心して欲しい。上達すれば師の真意が分かり始める。ここで一番大切なことは、師の指導に素直に従う、師の言うことはすべて正しいと、心から信じ切るということだ。もちろん師が間違えているということもまったく無いとは言えないだろうが、それでも一度は従ってみる。本当に師が間違っていたのであればいつか修行が進んだ段階で、皆さん自身がそれと知れる。しかも師を恨むという形ではなく師の指導のおかげでこのレベルに到達できたというような形で理解が出来る。師弟関係とは信頼の上に成立するものである。

コーチよりもメンター

師弟関係とは、単に「選手とコーチ」という関係とは違う。英語でもコーチとは違って「メンター（mentor）」という「師」というものに近い言葉がある。以前、「ベスト・キッド」という米国映画があった。ひ弱な少年が、沖縄生まれの日系老人から空手を学ぶというストーリーなので観た者もあるかと思うが、この中で少年に空手を教えるミヤギ老人がメンターと紹介されていた。先日この映画の中でミヤギ老人を演じたことで知られるパット・モリタ氏の死を報じた雑誌でタイトルが、「Karate Kid mentor Pat Morita dies」となっていた。

あの中で主人公の少年が、車のワックス掛けやフェンスのペンキ塗りをさせられ、いつまでたっても「空手を教えてくれない」と怒る場面があったが、ミヤギ老人は「もう教えたんだよ。試してみよう」というような会話があったと思う。ワックス掛けで、手の捌きを、ペンキ塗りで手首の柔軟性と筋力の強化という空手の基本が自然と出来上がったというのだ（映画の中の話なのでこの妥当性は云々しない）。この作業の結果、自分が強くなっていることを実感し、主人公がミヤギ老人をメンターとして尊敬し、その後は素直になりきって練習に励むというこの部分に着目して欲しい。

私たちは師弟関係を普通のものと感じているが、この映画で見るようにアメリカ人にしてみるとコーチとメンターとの言葉に分けていることでも伺えるが、師弟関係に憧れがあるように思うのだがいかがだろう。私たち武道を学ぶ者は、道場に入門するか部活動に参加するだけで、いともたやすくメンターに出会える。それが「師」だ。師は、公私にわたり相談に乗り、損得抜きでとことん教え、諭し、人育てを厭《いと》わない。

あまりに身近すぎて、武道の修行における師弟関係のすばらしさを私たちは見過ごしている。私たちよりむしろ諸外国で武道を学ぶ人の方が肌で感じ取っているのかもしれない。そのポイントは師に対する信頼と素直である。

逆境を乗り越えるのは「素直」

次に、もうひとつ「素直」についての考察をしてみよう。それは人生修行の道程に湧き出てくる逆境に対しての受け方と素直の関係である。

「ピンチがチャンス」という言葉を聴いたことがあるだろうか。逆境が訪れる、それに立ち向かい乗り越えるところチャンスが芽生えるということだ。

私たちの周囲にも、会社経営をしている武道家は数多い。その方々を拝見していると逆境に強い、逆風を楽しんでいるとしか思えない。そして最後にはそのピンチを乗り越えて、更に商売を拡大している。まさに「ピンチがチャンス」ということを絵に描いたような人生を送っている方々だ。

こんな人もいる。学生時代には競技会ではあまり勝てなかったが、稽古は熱心で後輩の面倒見がとてもよく、その人がいるとなんとなく場が盛り上がるという人がいた。いつでもどんな所でも笑顔で人と接していた。この人が数年前に独立し、個人で仕事を行っている。独立当初は苦労をしていたが持ち前の粘りで仕事は軌道に乗っている。競技会では勝てなかったが社会に出てから勝利しているのではないかと思う。

この人たちに共通していることは、逆境に対して不足や不満を言わないことだ。傍から見

自分はチームのために何ができるか。あるいは精神力を鍛えるチャンスかもしれないと前向きに取り組んでみる。

ていると相当に厳しいだろうなと思えることもニッコリと素直に受けきっているのだ。そして、言い方は色々だが、「乗り越えられない試練は与えられないよ」というような内容のことを皆さん、話される。

それでは、これを現役である皆さんの例として捉え直してみよう。例えば、不幸にして競技会を前にして怪我に見舞われるということはありえないことではない。そのときは誰しも悔しい思いをする。しかし、少々酷な言い方かもしれないが、その怪我は自分に必要あって起きたことと受け止め、その時点で稽古や修行のあり方を点検してみることが大事なのではないかと考えてみる。いつまでも怪我に関して色々悔やんでも意味が無い。むしろ、ここを契機に大きく飛躍するチャンスなのだと捉えてみるのだ。

悔しさも、情けなさも、自分の不注意を責める心も一切を捨てて、素直になりきり、出られない競技会に向かって自分はチームのために何ができるか。あるいは精神力を鍛えるチャンスかもしれないと前向きに取り組んでみる。真剣に取り組んだ時、一見不幸と思われた怪我が人生修行のステージを一段引き上げる役目をすることになる。

つまり、修行において大事なのは、「その時、その場の心になる」という素直さなのだ。たとえその時には受け入れ難いことも、必要あって起きたことと素直に現状を受けきっていくことで、別な角度から現状や自分を見つめることが出来るのである。

素直な15歳の少女

修行において素直ということを一生涯続けたらこの子はどのような人になるのだろうと興味を感じた15歳の少女がいる。

２００５年暮れ、フィギュア・スケートの天才少女15歳の浅田真央が、年齢が満たないからとトリノ冬季オリンピックに出られないとの話題がマスコミを賑わした。実力的には世界一との評価があり、特例処置を嘆願する声もあった。

オリンピックの前年（つまり05年）7月1日段階で、15歳になっていることが参加資格と決められているのだそうである。彼女は9月生まれで、僅か87日という日数が足りなく出場できないということなのだそうである。

国際スケート連盟（ＩＳＵ）では、ルールはルールとして特例は認めないとしている。この問題は、いくつかの問題も含んでいるようだが、あえてここで触れる必要も無いことなのでこの点は書かない。

ただ、現在15歳の浅田真央だが、テレビレポーターから質問を受け堂々と受け答えをしていることに強い感銘を受けた。もちろんフィギュア・スケートの世界は競技者の年齢が低くとも活躍している選手が多いので驚くに値しないという人もあるだろうが、国際スケート連盟（ＩＳＵ）が、オリンピックに出場するには幼いと判断している年齢の少女があれほど堂々としていることに喜びを隠せない。

修行が人を創る

15歳とはいえ、厳しいトレーニング、そして何度も繰り返す選手権大会での競技の結果、さまざまに鍛えられたのだと思う。実力世界一という自信も彼女の器を大きくしているのだとも言える。屈託の無い笑顔で、しかも堂々と応対している様子を見ていると、これぞ修行のなせる業と言いたい。もちろん武道の修行とは違うが、それでも空手の形の競技と相通じるところがあるような気がするのである。

さて、彼女の言葉で感心したのは、トリノオリンピックに出場できないことをどう思うかと言うインタビュアーの質問に、

「4年後のバンクーバー（冬季オリンピック）を目指し頑張ります」と、さらりと言っていた。実に素直で、さわやかな笑顔で答えていた。

更に「もし、トリノに出場出来たらメダルは獲れますか？」の質問には、やや時間を置いて「獲れます」とはっきりと答えていた。そこには気負いも思い上がりも感じられなかった。この子なら獲れるだろうと感じた。

人が人を育てる

そして、もう一つ驚かされたのは彼女の口から話された、彼女のお母さんの人柄である。出場できないことをお母さんはどのように言ってますか、という質問に対して彼女は、「(真央を)もう少し早く産んであげられなくてごめんね、と言われました」と答えたのである。

往々にして最近の母親というのは自分の子供可愛さのあまり、子供が不利になるようなことに対してはヒステリックに抗議、あるいは泣いて懇願するという風潮の中、このお母さんは誰かに抗議するでもなく、懇願するでもなく、しかもこのようなことになるとは思いもよらない出産の日にちに対して子供に謝ったというのだ。実際にお会いしたことも、テレビで拝見したわけでもないが、すばらしい女性だと思う。「この親ありて、この子」という感を受けたのである。

長々とスケートのことを書いているとスケートの本と間違えられるといけないのでこれくらいにするが、「鍛錬、修行が人を創る」ということ、「人が人を育てる」ということ、そして、最も大切なことは、本人の素直さがなければ、たとえ条件がいくら整っていても頂点を極めることができないということを、この天才少女の言動行動を見聞きし、この感を強めたことを皆さんに伝えたかったのである。

「素直」が持つ秘めた力

武道の稽古であれ、仕事であれ、家族やその他人間関係であっても今回紹介したキーワード「素直」というのは人生修行という道を照らす懐中電灯のようなものだ。

光に照らし出されたものは、どんなものであれ自分にとって必要あって光が当てられたものなのだと信じて、とにかく素直に受け入れるのだ。ただし、素直というのはかなりの覚悟がいる。ほんの少しでも油断をすると不平不満が頭をもたげてくるからだ。

「素直」を身につけようと思ったら、何事にも感謝することだ。自分にとって都合がよいと思えるときは喜びを素直に表現できるが、嫌なこと、辛いことと感じたときは、口に出さないまでも心の中で悪態をついてしまうのが常人のすること。自分の意にそぐわないときにこそ、なお、感謝が出来たときに「素直」が生まれる。

しかし、これは言葉で言うほどに簡単なことではない。訓練が必要である。「形から入って、形から抜ける」というのが稽古の極意なら、素直を作る方法もまったく同じだ。自分にとって不都合なことが起こったら、瞬間に笑顔で「ありがとうございます」という言葉を発するのである。

「不都合」という突きが来たら、瞬時に交わして「感謝」という蹴りを入れるという感じ、といえば空手を修行している皆さんには分かりやすいだろうか。ただし、本当に感謝を言葉で発するということが肝心だ。

『天に棄物なし』という言葉がある。つまりどんなことも、自分の身に起きる現象は全て意味があって起こる必然なのだということだ。この言葉を信じて、何が出来湧いても「ありがとうございます」と言ってみよう。

「素直」ということを、負け犬が尻尾を振ってボス犬につき従うようなものと勘違いしている者がいるが、主体性を無くすことでも、長いものに巻かれることでもない。素直になりきるためには猜疑心を消し去り、精神がクリアーになっていなければならない。素直を貫くためには勇気と体力も必要である。

これ以上言葉を費やしても意味が無い。後はただ実践あるのみ。「素直」が持つ秘めた力を実感したとき、皆さんは人生修行の階段を最速で駆け上がる力を得ることが出来るということを断言しよう。

十二　勝負の世界から自己陶冶の領域へ

形練習の真の意味【形：受け、突き、蹴りの其の場基本・移動基本も含む】

全ての武道が「形」の練習からスタートするわけだが、特に空手の場合は「形」の練習に重きを置いており、十分に「形」の基本を身につける事が重要である。「形」の繰り返しの練習は、精神力の鍛錬であり、応用技を作る土台となる筋力・運動能力を鍛える訓練となるのである。

更に言えば、武道における初歩の訓練はその武道の核の部分である。初歩の稽古がその武道の極意であるといっても過言ではない。極意は無駄なものを極限まで削ぎ落とし、最も基本的なものだけ、つまり真髄だけを残しているので、シンプルであり一見簡単に見える。

初心者にも表面的には再現が可能であるし、繰り返し再現することで逆に本来必要な筋肉と柔軟性が鍛えられ、その技が正しく使えるように体が作られていく。これが「形」練習の本質である。そのため、「形」の反復練習が強く求められる。

もちろん最初の段階で初心者は、指導者の見せる通りに再現しているつもりであろうが、その技を本当に使えるようになるためにはかなりの時間を要する。実際に上達してみて「形」

練習がいかに有効であったか再認識することとなる。

空手の稽古はまさにこのような鍛錬方法の最も進化したものでもあり、基本の「形」が身に付き自然に流れるように使えるようになって、初めてその形の応用が伝授されるようになっている。

本質を求めることが武道

ところが最近の稽古にあっては、この基本が十分に練られる前に応用技を求める傾向が強いと思われる。約束組手、自由組手と稽古の段階が進むうちは楽しいのだが、そこには限界があり上達がピタリと止まってしまい、ここから悩み始める事が多い。

とは言うものの、基本が十分に練られる前に応用技を指導する理由もある程度は理解できる。20年前、30年前であれば、子供たちは黙っていても遊びの中で、基礎体力、最低限の敏捷性は身に付けていたし、自己防衛の判断力は身に付いていた。

ところが、兄弟が減り、昔と違い親が子供の行動を常に見ており、危険を事前に回避してしまうため本来の運動能力や自己防衛力を失わせる結果となっている。このため「形」練習で、あるレベルをモノにするためには予想以上の時間がかかるようになった。「形」練習以前の運動能力が極端に劣っているのである。

このため「形」練習で到達すべき空手の「核」の部分に触れないまま組手の練習に入ってしまい、最悪の場合「形」練習が無駄であったと感じる者さえ現われる。こうなると柔軟性とフットワークとフェイントそして敏捷性を鍛えることが競技での勝利を意味することなり、空手の真髄をつかむことは永遠に無いだろう。

本来「形」の重要性を評価し、「形」の優劣を競う目的であった「形の競技」も現在では、「形競技」で勝ち上がるための練習になってしまい、本質を見失っている。こうすれば審判の評価が高いからとか、場合によっては表情まで創ることを指導している者もいると聞いたことがある。

空手における「形」の重要性を再認識すべき時が来ているのではないだろうか。ジュニアの皆さんには「形」練習と平行して敏捷性や基礎体力を養成する遊び感覚のカリキュラムを織り交ぜると良いと思われる。

ジュニアの能力の芽を摘むな

ジュニアのトレーニング方法はこれからも大いに研究していく必要があると思うが、少なくとも彼らのご両親の協力も必要である。厳しさに耐えるという基本的な能力を磨くことが重要であり、ジュニア諸君はそれを楽しむ能力を持っている。ところがその様子を見ていて気をもむのが親たちなのである。いじめと鍛錬を区別できない親たちがいることは残念である。また、「うちの子に早く技を色々教えて欲しい、勝てるようにならないと可哀想」と訴える親御さんもいる。

そのような親御さんには、武道修行の本質とは相手との勝敗を競い合うことでは無いのだということをしっかりと説明し、理解してもらうことが必要だろう。基本練習と基礎体力が出来あがる前から色々とこねくり回してしまってはその子の可能性を奪ってしまうことにもなりかねない。

ただし、逆に、基本練習と基礎体力が身に付き、進歩している時期には少々高度な技も練習させるべきだ。頭の理解ではなく身体の理解は一生ものといえる。若いのに生意気だということから高度な技の練習をさせない指導者もいるが、これもまたジュニアの能力の芽を摘むことであり、残念なことである。

小手先のテクニックにおぼれるな

ジュニアに限らず、基礎練習において絶対にやってはいけないことは小手先のテクニックで勝つことを覚えることだ。特に空手のように技で相手を制する武道にあっては、小手先のテクニックで勝ち得る可能性は確かにある。しかし、それが通じるのも一時のことであり、本当の強さは体全体の運動能力の積み上げなのである。小手先の技術は真髄が体得できて初めて本物となる。

例えば、フェイントを掛けることをいち早く覚えると、同じようなレベル同士での練習のうちは面白いようにフェイントが掛かる。ところが周囲の者の技術も高まってくると、まったく無駄な動きになる。場合によっては次の技まで見切られてしまい逆に一本取られに行くようなことになりかねない。

フェイントが本当にフェイントになるためには本気で技を仕掛けて、途中でその技を瞬時に変化させることだ。これは基礎力の十分な積み重ねが出来ていないと成立しない。未熟なものが行なうと簡単に見切られてしまう。

反復練習を重ね、納得のいくものが身に付いたところで実戦にも応用が利くのであり、技の変化も自由になる。それが本当の技、つまり技術である。だからこそ私たちはその極意を求めて成人してからも空手の修行に励むのである。

努力の人が後輩を育てる

以前も書いたが、理想を言えば、武道、スポーツ、芸道いずれも年齢的に言えば、幼少期前後からスタートし、正しい訓練が行なわれると天才が造られる可能性がある。特に形という宝を持つ空手道にあってはこの可能性は非常に高い。形の本質を正しく理解し、幼少期から正しい稽古に励むことが出来ればとてつもない天才が出現する可能性がある。

ただし、天才を凌ぐ競技者の出現ということもありうることをここではお話したい。それは何かというと「一所懸命」の努力である。「一所懸命」の努力の源泉は、自分は天才ではないという自覚であり、自分が技を磨く術（すべ）はひたむきな努力しかないという覚悟である。

ひたむきな稽古の先にストーンと納得できる境地がある。いくら言葉で説明されても理解できない境地だ。それは頭ではなく体で理解するしかない領域である。この点幼い頃から正しい稽古に励んだ者は最初からそれを体得している。脳で理解することと体で理解する違いである。

言い方を変えると、天才というのは技の真髄を言葉ではなく感覚で体得した人間。一方この感覚を努力によって身に付けようと思考し、実践に移すのが「一所懸命」の努力の意味だ。

それでは天才にはどこまで行っても追いつけないのかというとそうでもない。「一所懸命」の努力が天才を凌ぐこともあるのだ。しかも努力の人はその習得のプロセスを後輩に説明することが出来る。それは、努力の人は後輩を育てる指導者となれるということを意味している。逆に天才が指導に当たると、「なぜこんなことが出来ないのだろう」とただ不思議に感じ、弟子の運動能力をただ嘆くばかりとなるからである。

天才は技を見せることは出来るが、それを可能にするプロセスを他人に与えることは出来ない。一方、努力の人は天才を養成することも、凡人を同じく努力の人に育て上げることも可能である。

武道の修行目的は相手に勝つことではない

さて、天才であれ努力の人であれ、私たちを魅了する武道とはいったい何なのだろう。武道が武術と呼ばれ、戦の技術であった時代においては勝負が最も重要視された。勝ち負けがイコール生死を分けたからである。しかし、現在私たちが学び、実践している武道は肉体の練磨と精神の修養を意味している。

武道に励むプロセスの中で、試合形式をもって勝負という目標を立てて励む。そのために相手との組手練習に励む。組手練習において礼に始まり、礼に終わるというのは自分ひとりでは訓練できない部分を共に励んでくれる相手への感謝である。これが生死をかけた戦いなら礼などしている間に命を失ってしまう。武道を学ぶとは自分だけの鍛錬ではなく自分とは思考も動きも異なる「相手」を得て自らの技術を高めることを学ぶのである。

つまり、現在の武道の修行においては自らの技術向上のために相手との技の競い合いを行なうことが行なわれ、勝負における勝敗を競うが、それは修行の過程における目標であって目的ではない。

勝負に負けると悔しいだろう、しかしその悔しさは自分の練習不足、詰めの甘さ、精神の弱さ、研究不足に起因しているのであって、より高いレベルが存在していることへの喜びがそこには内蔵されていることを忘れないで欲しい。強い相手がいるから鍛錬に励むことが出来るというわけだ。

武道は究極的には相手との勝ち負けを競うことを目的とはしていない。如何に自分の心と身体を自分の思い通りにコントロールするようになれるかということを目的としているのである。

普段の生活の中における修行

つまり、己に克つことを修行の到達点にいたる道標のひとつとして挙げておきたい。このために生活そのものが稽古であり修行であると自覚することが必要であろう。普段の生活でも瞬時の動きが出来るよう生活そのものを稽古と心得ることが必要だ。例えば挙手動作を常日頃から空手の稽古のつもりで行う。立ち居振る舞いを空手の技と直結させる。

信号が青になった瞬間に左右の安全を確認してさっと一歩踏み出すことで判断力を身に付ける。都会生活をしているならエレベータ、エスカレータも使わずあえて階段を使う。自転車を使って行くところを歩く、走る。そんな単純で簡単なことを実践するのだ。

更に武道家のもうひとつの姿として、学生として社会人として恥ずかしくない生活姿勢を貫いて欲しい。誰かが見ているとか見ていないとかではなく、自分の信念と照らしてうそが無いか、正直かということである。

昨今、スポーツ選手の不祥事が報道されることがあるが、あれほど情けないことは無い。社会ルールを破るということは、絶対に武道を修行する人間にあってはならない行為だ。空手の極意は受けにあり、決して攻撃の技ではない。ましてや、弱いものを組み伏せ相手をいいなりにさせる道具ではない。己に克つための修練であり、生涯にわたって自らの精神を鍛えることこそ修行の要諦である。

繰り返すが、身を呈して人を助けることがあっても弱者を力で抑え込むなど絶対にあってはならないことだ。武道家たる者、弱きを助け、紳士・淑女であれ。こう言いたい。

例えば、電車の中で老人を見かけたら、満面の笑顔で席を譲る。仮に練習でへとへとに疲れていても笑顔で席を譲る。これは武道で修行を行なうものの当たり前の姿だ。普段からこのような実践を繰り返していれば修行の道から外れることが無い。

せっかくに積み上げた修練の成果であっても、相手を破る、相手に勝つということだけに終始していて、肝心の自らの心の弱さを克服する努力、より良い生活習慣を継続していなければいつかは崩壊することを肝に銘じたいものである。

十三　目指せ！信念の構築

信念の大切さ

武道を長く稽古し、ある程度の年齢になってみると稽古のあり方も武道の楽しみ方も少しずつ変化していることに気がつくであろう。最初はただ強くなりたい、試合で相手に勝ちたいというような単純な目標だったものが、長く武道に親しんでくると、勝つための創意工夫、勝つための条件探し、勝てないことへの苛立ちや苦悩等々がやってくる。

しかし、やがて相手との勝ち負け以上に得るものがあることに気がつき始める。自分の生き方において武道がどのような役割を持つかということに思いをめぐらし、武道を身に付ける意義に目覚めるときが必ずくる。

これまでも武道の修行を通し、精神力を磨く、集中力を養う、自らを律する、高みを目指す等のお話をしてきたのであるが、こうしたことを突き詰め模索してくると、自らの生き方の方向性が見えてくる。これを武道家としての確たる信念の探求という。その信念がその人の人格となり、品位となって現われるものだ。

道場の中だけではなく、学校や職場においても、武道を学ぶ者の人柄が周囲を和ませ、活力のある環境を醸し出すという役割を担うことになれば、大いに嬉しいところである。

何か嬉しいことがあった後などは、上機嫌で、大きく人を包み込むように接することが出来る人も、ひとたび自分に逆風が吹いてくると不足不満が出てくる。これでは修行の甲斐がないし、その程度で崩れるものは信念とは言わない。信念があれば、常に冷静な身の処し方が出来るはずである。

信念は大樹に例えられる

信念という根がしっかりと張り、信念という幹が太く大きくなれば、自ずと立派な枝が張り、葉も花も多く付く。結果、たくさんの実を結ぶ。少々の逆風にはびくともしないのである。ただし、「信念を作るぞ」と強く思えば信念が作られるというものではない。信念とは修行の連続から結果として出てくるものであり、逆に、気付かなくても無意識にそういった信念が少しずつ形成されていくような稽古が大事なのだ。よい師に巡り会うということで、師の導きに従っていくことで、気がついたら信念という頂に立ち、周囲がくっきりと見渡すことが出来るようになっていたということもあるだろう。

しっかりと根がはり、幹が大きく育てば嵐や、冬の厳しさにもびくともしない。

武道の稽古を通し、ひたすら修行を続けることで、これまで見えなかったこと、感じられなかったことを習得していく。これがいかに素晴らしいことであるか、それは実践したものにしか分からない。皆さんも空手道に縁があり、修行に励んでいるのだから、初心貫徹、目標をしっかり立てて稽古に邁進し、やがては空手をやることの目的を明確にして欲しい。

信念とは何だ

本節で取り上げる「信念」は、説明しようにも、言葉では限界があるが、この度のトリノオリンピックで、日本人唯一のメダル獲得者である荒川静香選手に際立った信念を見たのでそれを説明したい。

今回のトリノオリンピックで、日本のウィンタースポーツの置かれた状況が浮き彫りとなったし、スポーツ報道のあり方も色々と考えさせられるものがあった。その中で、唯一の金メダル獲得者である荒川静香選手の功績は大きい。金メダルを獲得したことはもちろん素晴らしいことだ。しかし、それ以上に日本のアスリート達に大きな教訓をもたらしたと思うのである。もちろん、それは私たちの武道の世界にとっても重要な教訓であった。その最大のポイントが、本節の最大のテーマ「信念」である。

女子フィギュアスケートにそれ程詳しいわけではないが、審査基準の変更で、荒川選手が悩んでいたことはどこかで目にしていた。アクロバティックな技がより多くの点数を加算され、彼女の得意とする「美」の表現は点数を獲得しにくくなっていた。特に彼女の代名詞ともいえる「イナバウアー」という技は点数に結びつかないということは、彼女自身が持つフィギュアスケートに対する価値観を揺るがす大問題であったと想像する。

荒川選手の技術からすれば、新採点法に何とか対応し、金メダルは無理としてもせめて銀か銅のメダルを獲得して欲しい。そのような状況だったかと思う。荒川選手が悩み、苦しみ、もがいていただろうことは想像に難くない。

その苦しみの中から、荒川選手はぎりぎりの段階で、考え方を変えた。自分のフィギュアスケートに対する取り組み方を固めたのだ。金メダルを目指して努力を重ねることに大きな意味はあるし、荒川選手にしても年齢的にオリンピックで金メダルを獲得する最後のチャンスであることぐらい百も承知であったろう。

しかし、荒川選手は高得点を狙うアクロバティックな技よりも、フィギュアスケートという競技は「美」の追求であるという考えを優先した。彼女にとっての最大の関心事は「美」の追求であって、誰かに勝つことでもなく、金メダルを獲得することでもないのだという、自分の信念を固めた瞬間だったといえるだろう。

現在の採点基準を採用するフィギュアスケート界を敵に回してでも、「自らの信念の確認をするための演技」を追及したという気さえするが、思い過ごしであろうか。

職人の世界

金メダルを決めたフリー演技がスタートする直前表情が大写しになったが、瞬間彼女が「無の境地」を開いていることを感じた。演技がスタートし、その流れ、しなやかで伸びやかな

金メダルを獲るためではなく自分の「技」に確たる信念を見せた。

肢体、表情の美しさと相まって、これがフィギュアスケートの真髄といえる「美そのもの」がブラウン管を通して確かに伝わってきた。

誰かと競うのではない、自分が求めるものを自分が納得するように演じ切れるかどうか、そのための精神集中であり、自己との戦いであった。

後半「イナバウアー」を演じたときには、もうメダルの行方がどうか、というようなことを観客に忘れさせてしまう程の演技だった。日本人らしい「職人気質」というものを久々に見せてもらったと感動した。会場も総立ちとなったと放送していたので、会場には彼女のフィギュアスケートに対する、信念という「気」が充満していたのではないだろうか。本当にすばらしい演技であったと思うし、女子のフィギュアスケートとは何か、更には今後の採点方式に影響を与えるほどの演技ではなかったかと思う。

自分の信念に生きる。これはわがままと似ていると捉える人もいるかもしれないが、それとはまったく似て非なるものである。技を極めていくと見えてくるレベルの違う別世界のものである。これをして「職人気質」と彼女を評価したゆえんである。職人が技術を高めた先にあるものが、信念である。それはどんな嵐にもびくともしない大樹の根であり、幹である。

たった一つの金メダルの意味

これまで、この「武道と修行」の説明で何度も書いてきたことを荒川選手は、見事に見せてくれたと思った。つまり、「目標は優勝だが、目的は自己陶冶」ということだ。荒川選手も目標はもちろん金メダルであったろう、しかし、苦悩の先で一気に精神的な成長をし「フィギュアスケートの真髄は美」という自分の信念を導き出すことが出来たのではないかと思うのである。

今回、金メダルを獲得できたからと注目されているが、われわれ武道を学ぶものは、彼女の精神力の高さ、試合に臨んだ境涯、自分の信じる世界に確たる自信を作り上げていたことに注目すべきなのだ。

今回の荒川選手の信念が中途半端なものであれば、メダルの行方は分からなかった。しかもメダルに手が届かずに終わっていたら、心無い批判を受ける可能性もあったと想像する。「なぜ点数にこだわらなかった、なぜ難易度の高い技に挑戦しなかったか」と。

単純に日本が金メダルを獲得できて良かった、助かったと思っている関係者、国民も多いだろう。しかし、私達武道家にとっては金メダルを獲得できたかどうかより、荒川選手の精神力と信念を大いに見習いたい。

更にいえば、私たちの世界の「形競技」において十分に参考としたい。「こうした方が今の採点方法の流れに沿っているからとか、こうした方が得点が高い」というような指導ではなく、空手の真髄を求めていく指導に転換しなければならないのではないだろうか。空手本来の技の成り立ち、実戦に応用転化できる「形」の競技を求めるべきである。

これは、審査する側にも空手の「形」に対する確たる信念を持つべきであることを指し示してくれていると思うのだがいかがであろう。

たった一つであるからこそ、日本における武道を含めたスポーツ振興に大きな方向性を示してくれた価値ある「たった一つの金メダル」なのである。

武道がスポーツをリードする

日本に生まれた武道は西洋のスポーツとは若干の違いがある。その一つが、その発祥は武術という戦における勝ち負けに端を発してはいるが、武道はそれを進化させ勝負に勝つことが最終目的ではないというレベルにまで達したという点だ。つまり、武道においては修行という自己陶冶が課題となっているのだ。

もう一つは、修行を一人でも行なうが、多くの場合修行を助けてくれる仲間がいて、その仲間と競い合うことで自らを高めあう。だからこそ修行の助けをしてくれる相手に最高の敬意を表する、つまり礼を重んじるという点である。

武道が世界に広がり、スポーツの中に入り込んでいくことは大いに推進すべきことだが、武道の持つ精神性の高さがスポーツに対し、影響を与えていかなければならない。

審判をごまかすのも戦略の一つ、ルール内であれば反則ぎりぎりの行為をするのは当然というような、勝てば官軍的な言動行動は武道にはまったく似つかわしくない。

武道家は飽くなき稽古を本分とし、自己陶冶に励むのである。

武道家としての自覚はあるか

さて、本稿を締めくくるに当たり、皆さんに考えてもらいたいことがある。

本節で論じた信念ということと無関係ではないのであえて書かせていただく。この原稿を進めている最中に、夏の甲子園連覇の偉業を成し遂げた駒大苫小牧の高校球児の不祥事がニュースとなって流れてきた。まことに残念なことである。今時の高校生はタバコ・酒ぐらい当たり前という風潮からして情けない。ルールはルール。まして、多くの高校球児にとっては夢の舞台で偉業を成し遂げた者達であれば、その言動行動はよほど律されたもので無ければならない。特に、選ばれし者の責任は真に重要である。

スポーツ、武道に励む皆さん、本気で自らの立場と責任を考えて欲しいのである。

武道で人生を拓かんとする皆さん、空手道で明日を拓かんとする皆さん、私たちは縁をいただいて武道の修行の道程にあることを自覚し、自分の置かれている場を再確認しようではないか。

自分を律する（心をコントロールする）こと、それ自体は、正しい信念を目指していれば、苦しいことでも辛いことでもない。逆に、楽しみ・喜び等である。練習をしているときの充実感とまったく同じである。

日々の充実を糧に、一歩ずつ着実に正しい信念を構築して行こうではないか。

十四　技術の継承と精神修養の関係

教育の荒廃が社会を破壊する

安心安全の日本は一体どこへ行ってしまったのか。どこから狂い始めたのか。最近の精神的な荒廃を象徴するような多くの事件には驚きを禁じえない。児童虐待、家庭崩壊、弱者を狙う凶悪犯罪と世の中を震撼させる事件が多発している。どう考えても日本の精神構造に歪みが出ているとしか思えない。

かつては、学校教育、家庭教育が担っていた部分が欠落してしまったという者もいるが、確かに何かが失われてしまったといえる。誰もがおかしいと思っていながら、どこがどうおかしいかを具体的に洗い出しが出来ないまま現状に至っている。

ほんの20～30年前までの日本人の生活の中には改めて教育と呼ばなくとも普通に先輩から後輩へ、親から子へ、先人から後人へと技術と同時に精神的に高度なものが継承されていったものだ。ところが、こうした流れがあらゆる社会で分断されていった。

子供たちの遊びにしてもそうだ、昔は年長のものが幼いものを引き連れて遊びまわっていたものだ。先ごろ話題になった『ALWAYS三丁目の夕日』という映画は昭和30年代の古き

使えば使うほど筋肉も脳も発達する。使わなければ衰える。

よき時代の東京の生活を忠実に再現したストーリーとのことだが、その中の子供たちがチャンバラごっこをしながら走り回っている姿が出てくる。まさに日本中で、つい先ごろまであのように子供同士で社会性を培っていたのである。

最近のように家に閉じこもり、一人で、あるいは同学年同士だけでゲームをしているというのはどうやら社会性を身につけるには、良好には働かないのだろう。どこかいびつな構造であるといえる。

日本の高度成長期が終わった頃から、「めんどくさい」「適度に」「疲れた」等の言葉が大人社会に使われ始め、自分さえ良ければそれでよい、他人とは関わりたくない、社会など関係ないとの風潮が少しずつ社会に広まっていったような気がする。なるべくなら楽をして、という風潮を広めた大人たちの責任は大きい。

脳も筋肉も使わなければ衰えてしまう。同じように人と関わるのが嫌だと言って閉じこもってしまえば、更に社会性がひ弱になってしまう。年齢とともに弱まる筋肉でさえも鍛え方一つで90歳を過ぎても現役という老人は大勢いる。脳も筋肉も社会性も重要なことは「使う」ということだ。

武道の修行と教育の関係

ただし、全てが失われたということもないし、新たな取り組みもあるだろう。しかも、スポーツや武道を学ぶ環境の中には社会性を養う良好なシステムがしっかりと残っている。特に武道の修行の中には色濃く精神的な修養の面が残されているということが最後の頼りの綱といえるのではないだろうか。

そうだとするなら、私たち武道の修行に就いたものは、武道の修行がもつ人間性の形成、精神面の健全な発達を作る大きな受け皿となれるよう努力をしなければならないと思うがいかがであろう。私たちに託されたものは大変重要であり、責任も大きい。

武道における技術の習得には言葉と身体の両方向から習得することが必要である。先輩・師と呼ばれる人から手取り足取り、時には叱られながら、時には誉められながら取得していくものである。自ずと先輩・師を尊敬し敬いの心が作られる。更に、憧れの感情も芽生えるものである。尊敬できる先生から技術ばかりではなく社会の仕組みや文化の内容人間関係の作法なども伝えられる。

こうして武道に励む子供たちは自然と親に対する尊敬の念を作り上げるから親の心を素直に受け入れ、躾(しつけ)という形で文化が伝承される。

完璧ではないかもしれないが、武道の修行の中には教育の本質が内包されているといえると思う。武道の修行の場に入ってくる子供たちは、稽古を通して精神構造の健全な発達が促されると考えられる。

指導は単に技術の伝達にとどまらず

しかも、武道の技術の習得における師弟関係を見てみると、師が弟子に与える「教え」が主であるが、師が弟子から学ぶということも少なくない。ことの大小は色々あるが、教えているうちに自分ひとりでは解決できなかった「形」の分解のヒントを得たという指導者もいる。

指導者は指導に当たってまず感じることは、生徒たちの性格も身体的特徴もさまざまであるということだ。一人ひとりの素質・性質等を見ながら教えることになる。理解の遅い人、早い人がいるし、時にはどうしても理解してくれない人にどのように教えれば理解できるかと苦労することで指導の技術が高まる。人の姿を見ることが新しい発見をすることにもつながる。

身体操作能力がもともと高い者が指導者になると、習得の遅い人がなぜこんなことが出来ないのかと首をひねるだけで、その原因も解決策もまったく解らないものなのだ。その点で習得が遅かった者が良い指導者となる可能性もある。なぜなら理解の遅い後輩がなぜ先に進めないかが自分の経験を通しよく理解できる。自分の体験を通して最良の指導が出来るというわけだ。

こう考えると修行の場は技術の教授ばかりではなく、互いの人格形成と相互理解の現場とも言える。だめな者は切り捨てるという仕事社会とはこの点で大きな違いを持っている点が大変重要である。

武道修行が作る人間関係

修行において「教え、教えられる」関係は人間性を深め、社会性を身につける最良の環境となる。道場で身に付けたものが全て社会に出たときに役立つこととなる。私たちにとっては当たり前の「礼」一つ取ってもその大切さを教えられずに社会に出る者もいるのだ。「礼」とは自分の存在を知ってもらい、相手の存在を認めるという社会生活の最低限の約束事であろうと思うが、その必要性に対する意識もない若者が存在しているのだ。武道の稽古では思うように活躍できなくとも元気で挨拶のできる子供はそれだけで大きく誉めてやって欲しい。その子はそれだけで武道の修行の道に入った結果を出している。社会に出ても皆から可愛がられるだろう。

こう考えると修行、修行と大げさに言わなくとも良いかもしれない。多くの子供たちを道場に招き入れたいではないか。そして指導者は修行の道に就いた後輩を大切な宝の原石を扱うように扱って欲しい。ただ、勘違いしてはいけないのは大切に扱うとは過保護にするとい

武道の修行で培った技術を人に継承できて初めて技術の習得が適ったと言える。

うことではないということ。宝の原石は磨き方で輝きが違ってくるのだ。

全空連の『マスターズカラテライフ』という小冊子の春号を読んでいると、昨年行なわれた全日本障害者空手道競技会における優勝者の声があったが、「高校時代の恩師が、障害のある自分を特別扱いせずに他の選手と同じように鍛えてくれた」と感謝している言葉が載っている。同じ冊子の別のページには知的障害がある19歳の青年をやはり特別視せず丹念に指導しているという指導者が紹介されていた。その結果その知的障害のある青年の脳性麻痺による運動障害が改善されたとある。どうだろうこのお二人の指導者の情熱が伝わってこないだろうか。

技術の継承が精神修養に

技術の継承とは、言葉だけの解説だけでは伝えられない。身をもって見せ、やらせてみて違いを指摘し、更に弟子がその違いを理解するという所に到達しなければ継承できないものである。

「頭で覚えるのではない身体で覚えろ」というのだ。身体で覚えるためには何度も繰り返し、頭の中で反芻し、師からチェックを受け、違いを矯正され……ということの繰り返し。その先に免許皆伝となる。単なる知識の蓄積と違うところが実に面白いところだ。

しかも教える方にも真剣な取り組みがある。武道の修行では自分の培った技術を人に継承できて初めて技術の習得が適ったと言える。つまり弟子に理論と身体を使い伝授できないことは自分が習得しきったとは言えないというわけである。借り物の理論で解ったようなことを言っているうちは物事を「習得」したとは言わないのである。この点はよくよく肝に銘じて欲しい。

師に従い、師の技を見、真似ながら少しずつ自分の中に師の技を構築していく。場合によっては見せるだけで後は自分の鍛錬修練ということもある。時には師の行動を理不尽だと感じることもあり、なぜ身に付かぬかと嘆くときもあるだろう。しかし、その継承にいたるまでのプロセスが、全て社会性の構築に繋がっているというところが面白い。あえてそれを目的とはしていないが、技術の伝承とは結果的にそのようなプロセスを通過しなければ成立しないものなのである。

技術の習得のプロセスが、全て精神修養の修行の場となっているということを皆さんに気づいて欲しいと思う。

人生は決して平坦ではなく誰しもなんらかの苦労がある。苦労を苦しみとだけ受けるのと、苦労を学びと受け止めるのでは大きな違いがある。同じ苦労をするなら、自ら飛び込んだ武道の修行という場で苦労してみよう。苦しんだ結果が眼に見えてくるなら苦労も、し甲斐があるというものだ。

空手を通して明日を拓く

皆さんも厳しい稽古の後の爽快感、達成感を感じていることだろう。それまでは習得できていなかったことが習得できるようになるとその喜びはえもいわれぬものがある。稽古の厳しさの向こう側には喜びがあるということを知っているのと知らないのでは社会生活がまったく違ってくるだろう。武道の稽古を少しなりとも経験した人はそれ以降の人生がまったく違ったものとなる。

昔は、祖父母や周りの大人が「若いうちの苦労は買ってでもしろ」などと言ってくれたものであるが、最近の親は、子供にはなるべく苦労をさせたくない、可哀想だから等と考えている。どちらが可哀想か、武道を通して稽古を体験している皆さんなら分かると思う。子供が傷つかないようにと過保護に育てることがどれほど残酷な子育てとなるか、そして度が過ぎると子供から社会性まで取り上げてしまうということは容易に理解できるだろう。子供の教育の前に親が親となるための教育が必要な時代となった。

人間関係で悩んでいる友達がいたらその友達を誘って一緒に空手の稽古を始めればよい。尻込みをしたら稽古の面白さを君の言葉で伝えてあげて欲しい。皆さんも空手のお陰で社会性を磨いているはずだ、その力を空手の稽古だけでなく周囲の友達を思いやるという心として発揮して欲しい。それが人間の成長ということである。

人間の成長には節目がある。その節目を乗り越えるときはエネルギーが必要である。そのエネルギーを養成する役目も武道の修行にはある。この点でも武道の修行とは良くできた人間形成のためのシステムといえる。

最後に、世界の中における日本の武道について一言。武道を習っている私たちには当たり前のことも、諸外国の人は羨望の目で見ている。

武道は日本に突然発生したものでなく周辺の国々から大きな影響を受けながら日本という国の中で高度に成長したものだ。人の命を取るという殺人技術を身体操作の高度な技術に発展させ、更に精神的な修養を組み合わせることが出来た。それだけの工夫と伝承とが海外の国々から羨望の目で見られる所以である。

日本人が偉いとか優れているというのではなく、技術と精神世界の融合を得意としている国民だということだろう。そしてその方法とシステムを何代にも渡り継承出来たという点が重要な部分だ。継承方法を含めた武道の修行システムそのものを世界に発信する義務と責任が私たちにあるということだ。

今後も武道の研究を積み重ね、世界の平和に寄与できる私たちでありたい。

十五　武道の修行は楽しいものだと気づいて欲しい

稽古が楽しい

さて皆さんが空手を始めたきっかけは何だったのであろうか（あるいは空手をやってみようかと思い、今この文章に目を通してくれているのかもしれないが）。

空手をやろうとしたきっかけを訊くと、両親がやっていたからいつの間にかとか、友達がやっていて誘われた、兄弟からすすめられた、テレビで見てかっこよいと思ったから……色々と答えが返ってくる。

中には、いじめに遭い、強くなっていじめられないようになりたいという人もいるだろう。どのようなきっかけ、どのような想いで空手を始めても良いと思う。ただし、やめずに継続して欲しい。単調な基本練習が続くとやめたくなる人がいると思うが、ほんの少しの辛抱、その先は楽しみが待っている。

誰でも初めてのことに臨むときは、目新しくて興味も薄れず、楽しんでできる。しかし、少し慣れてきて単調なものと感じるようになると興味が薄れ、サボりたくなったりやめたくなったりするようだ。

新たなレベルに入る直前は単調になりがちだが、その単調さを乗り超え拡がる新たな視野を得たときに感動を覚える。この感動を一度経験すると長続きするようである。

稽古が楽しいということは、まさにこのことなのである。努力をすると、努力しただけの結果が出るということを体が覚えると、苦しさも単なる嫌なものとはならず、この苦しさの先には何かがあるかもしれないという期待感となる。僕は運動オンチだからどうせだめだといっていたような生徒が、辛抱して辛抱してあるレベルに達すると、その子は大変練習好きになることが多い。その子はそれまで、努力の先にある楽しみを知らなかっただけなのだ。

だから修行も楽しい

修行と聞いてストイックなものを連想するのは、稽古というものを知らない人か、稽古で結果を体現したことの無い人だ。修行の道を先に歩む者は、稽古の楽しみを伝える責任がある。

そこで、あえて声を大にして言いたい。

「稽古を楽しめるようになれば、一気に修行は楽しいものとなる」

武道の修行が、楽しいという意味はもう一点ある。武道の修行は一人で修行しているのではない。先生、先輩、後輩、友達、ライバルと多くの人たちと修行しているから、更に楽しいのである。もっと楽しみたければ、友達を誘って一緒に修行に励むのもいい。

人は誰でも一人では生きていけない。どのような組織、どのような人に出逢うかで人生が大きく変化していく。運がいい人というのは、自分を成長させてくれる組織や、人と出会えるかどうかで決まる。いい加減な生活、不道徳的な生き方の人々の中にいればいつの間にか自分もそのようになってしまう。「朱に染まれば赤くなる」と昔からいうではないか。いい加減で不道徳という生活には感動も喜びも無いことは皆さんにも容易に想像がつくと思う。

修行の目的

「修行の目的はどこにあるんでしょうか」と問われることがある。それに対しては、修行の目的は「人格陶冶」だと言ってきた。訊いてきた方も、「なるほど」と納得してくれるのだが、本当に納得しているのだろうか。「人格陶冶」の意味の分からない人には、修行する目的は「人間として立派な人となること」と言えば、それはそれで納得してもらえる。

「立派な人とはどのような人ですか」と問われると実は説明がつかない。立派な人というのがどのような人かは簡単に説明できないのである。

うそをつかず、いつも明るく笑顔を絶やさず、元気で、不足不満を言わず、悲しんでいる人がいたら心から慰め、責任感があって、リーダーとしての素質があり……というようなことが頭に浮かんでくるかもしれない。しかし、時にはうそもつき、悲しいときはオイオイ泣きじゃくり、責任が取りきれず、自己嫌悪に陥っていても、他人に優しい人はそれだけで立派だと思う。

立派な人がいるのではなく立派な行為を実践できる人がいるといった方がよいだろう。

修行の目的を明確にしようとすると修行が苦しくなる。目的に近づいているかどうかは自分では分からないからだ。それよりも稽古の目標を立て、その目標に向かって努力を重ね、一つの目標を達成し、更に目標を高め挑戦することだ。この繰り返しの中に立派な行為が身につき修行の成就のプロセスとなる。

強さの意味

皆さんにとって最初の稽古の目標は、強さの追及でもよいと思う。小学生の頃から始めた人も大勢いるだろう、小学生の頃は強いとか弱いという以前に健康な身体を作るうえで大いに役立っていると思う。

しかし、中学生位になると様々な大会に出場し、大会での勝敗で嬉しかったり、悲しかったり。次は絶対勝つぞと稽古に励んだり、どうせ自分はいくら稽古したって勝てないんだと途中で稽古をサボり始める人もいる。確かに勝てないと急につまらなくなってしまうというのも正直な気持ちだろう。

だが、皆さんに「強さ」「弱さ」ということをもう一度考えて欲しい。強い人というのはどんな人を連想するだろう。腕や足の筋肉が発達し、胸板も厚い、声が大きくって何となく迫力のある人が強そうだ。実際道場の先輩や学校の体育の先生などこのようなタイプは強そうだ。大会などもこのような人が勝ち上がっていくことが多いことは否定出来ない。

強さとはそれだけなのだろうか。皆さんは精神力の強さという言葉を聞いたことがあるだろう。肉体的な強さはある意味単純である。正しい基本練習の反復練習が確実に結果を出す。だが、正しい基本練習の反復練習を継続する力は何だと思うか。それが精神的な強さだ。皆さんの先ず取り組むことは精神力の強化だ。つまり、やると決めたことは確実に実行できる。

これが強さの根本原理だ。

強さとは体格ではない。稽古を楽しみ、工夫を重ねて目標を決めて継続することだ。言葉を添えるならそれが「強さの種」といえる。

目標と目的の違い

強さとは筋力的な強さ、技のうまさだけではないことは分かってくれただろう。道場ではとても良い動きをする実力者が、大会になると別人のようになってしまうことがある。大会の雰囲気に怖気づいてしまったり、絶対勝つんだという想いが大きくなり過ぎて、動きが大きくなってしまう人。大きな体の選手に当たると元気がなくなってしまう人。これも精神的な弱さの結果だ。

練習の中で作る強さとは、筋力・スピード・技のうまさだけではなく、心の強さ、気持ちの強さだと言うことだ。

精神力の強化に関してもう少し具体化してみよう。これは自分にかつということだ。克服（こくふく）と言う言葉があるが、克は一字で「かつ」と読み、自分に「かつ」ことを意味している。「己に克つ」といって、心の弱さを克服することを言う。それが先ほどいった「やると決めたことは確実に実行する」ということを基本に形成することができる。

空手の技がうまくなれば、暴力行為から自分を守る（護身）ことに役立つと同じように、心の強さが鍛えられたときには精神的な苦しさを跳ね返すことができる。皆さんも何かで泣きたいくらい辛い思いをしたとき、誘惑に負けそうなとき、精神的な強さがあれば、そのつらさ、誘惑を跳ねのけることができる。

どうだろう、武道の修行とは、大会での勝ち負けとは関係が無いことが分かってくれたのではないだろうか。大会での勝ち負けは、稽古の進み具合の結果、稽古の目標達成の度合いだということが分かってくれたであろう。例えば、大会で負けたとしよう、それでも満足の行く結果だということがある。つまり、練習の成果を十分に試合で試せたときである。逆に勝ったからといって満足を得ないときがある、それはどう考えても偶然で勝ったときだ。運も実力という言葉もあるが、修行のプロセスでいえば100％は喜べない。「勝って兜の緒を締めよ」というのがこのような心境であろう。

勝っても負けても自分の決めた目標に照らして修行のプロセスを確認したいものだ。

修行仲間を作ろう

空手仲間は大変重要だ。しかし、空手の仲間とは、どうしても大会の勝敗を話題にしたり、勝つための稽古となりやすい。そこで今回提案したいのは同じ武道を学ぶ、剣道や柔道を学んでいる人たちとも積極的に同じ武道仲間として交流をして欲しいのである。もちろん武道関係の友達以外でも多くの友を得ることは重要であるが、ここで提案したいのは、空手以外の武道の修行方法や、稽古の方法、技の仕組みなどを話してみると、自分の稽古している武道だけではなかなか思いつかない大きな収穫が得られ、稽古のヒント、修行の伸展に得るところがあるということだ。

特に剣道に関しては、修行に関する文献も多く、空手が今日のように競技化となる下地を持っているので、剣道を修行している友達から得ることは多いと思う。

どうだろう、これまではまったく違う武道だから、剣道の選手と技の話をしたって意味が無いと勝手に思い込んではいなかったろうか。練習方法や、工夫、技の組み立てとか、間合いについてといった技術的なことをたずねてみれば、空手の稽古に応用できることがたくさ

他武道の友から学ぶことはとても多い。武道を多いに語ろう。

んあるに違いない。また技術的なことばかりではなく、精神的な部分でも自分の修行に参考になる点が多いと思う。ぜひ他の武道の選手と友達となって、語り合って欲しい。

剣道の技、柔道の技

一つヒントを書こう。剣道の技には学ぶべきところが多い、その一つが間合いだ。剣道の経験者が空手を始めると間合いの取り方がうまいということを知っているだろうか。空手と比べると竹刀を持つ分少し遠い間合いで対峙する。しかも竹刀を互いに合わせることで、相手との距離を計ることができる。この体験が、空手の組手においても有効に働く。

常に互いの間合いに入りながら戦うボクシングのような格闘技と比べると剣道の間の取り方は空手の組手に大いに役立つのだ。

間合いと大いに関係があるのが、間合いの詰め方だ。そのための足裁きが大いに役立つ。例えば剣道の場合は、袴の中で相手に気づかれないように後ろ足をすり足で引き寄せるというようなことをしている。微妙に間をつめる剣道のすり足は大いに参考になる。

常に前後左右にすり足を繰り返すことで、相手の間合いを詰め、瞬間に飛び込んでいる。上体を変化させずにすり足で移動するような足捌きは間合いの詰めにヒントとなる。最近の海外の選手のフットワークを真似てぴょんぴょん飛んでいる者も増えてきたが、剣道のすり足の妙は再考の要がありそうだ。

同じく柔道の投げ技も大変参考になる。最近の世界大会を見ていると投げ技で勝敗が決まることも多いことに気がつく。ぜひとも友達を作り、柔道の技、修行方法について学びたい。

書籍から学ぶ

友達を作ろうというのと同じくらい重要なのが、本を読むことだ。他武道の友達が大切というのと同じように、他の武道の書籍は私たちの修行にも大きな示唆を示してくれる。

前項で言ったように「剣道」に関する書物は数限りなくある。しかも、剣を拳と入れ替えて読んでみると空手の修行、技術の習得のヒントとなることが多く、興味が尽きない。空手の稽古に応用できることがたくさん発見できるのでぜひ目を通して欲しい。

その他では、「禅」の本や「能」の本、「茶道」の本なども技術面、精神面の両方に刺激を与えてくれる。「禅」の本は精神修養に大いに役立つ。剣の道で名を成した数々の人物が禅僧に教えを請い、道を極めたという話は記録にもあるし、言い伝えられている。

能に関しても剣豪と呼ばれている人たちが能の身体操作にヒントを得たとの記録がある。剣道のすり足も元をたどれば、能のすり足が基本になっているという。

技術・精神両面から修行の進歩を促すためには、良書と言われているものに普段から接していることが必要だと思う。他武道の友達との話題のきっかけともなるわけだから一石二鳥ともいえる。

次節では何冊か良書となるものを紹介したいと思うので、楽しみに待って欲しい。

十六　試合という真剣勝負が修行の伸展を促す

練習だからこそ本気

練習は休まないし、良い素質を持っている高校生がいた。一所懸命頑張っているのだと思うが、どうもその生徒から覇気が感じられない。

注意を与えたり、時には少々大きな声で気合を入れてやるのだが、一向に燃えてくれない。もちろん感情をあらわに、激しくぶつかっていくことが全て良いとは思わない。しかしこの生徒の潜在能力は全然引き出されていない。

いくら素質が有っても本人の意識が変らない限り、宝の持ち腐れになってしまう。馬を水辺に連れて行っても、飲む意思の無い馬には水を飲ませられないという喩えの通りだ。良い素質を持っていると誰もが認める生徒だけに、周囲がやきもきしていたのだ。

その彼に話を聞いてみると、空手は好きだという。しかし、稽古中に相手に怪我をさせてしまったらどうしようかとか思うと、どうしても消極的になるのだそうである。それでは、少々当たり所が悪くてもびくともしない相手なら問題は無いだろうと問うと、そういう相手は怖くて気おくれしまうというのである。

そこで、「手を抜いたようなことをしているとタイミングが狂い、そのような時の方が互いに危険なのだ」と説明してあげると、思い当たることがあったらしく、それから稽古に気が入るようになった。モヤモヤが晴れて、稽古が楽しくてしょうがないといった様子で、先輩にも思い切って向かっていくというように大変身した。

精神面の切り替えは人の力で

先の例などは、空手の業というよりも、精神面のアドバイス一つで一気に実力者に変身したのだから面白い。自分ひとりの考えなど高が知れている。第三者からのアドバイス一つで問題が解決することが往々にしてあるものだ。確かに自分で乗り越えなければならない壁なのだが、自分だけの考えだけではなく、角度の違った見方を得ることで簡単に壁を乗り越えられることがあるのだ。大勢で学ぶ修行の場とはそのようなものである。

皆さんも先生や先輩のアドバイスには謙虚に耳を傾けるべきだ。あるいは後輩の面倒を見ている中で気が付くことがある。場合によっては後輩に尋ねて得られた答えがヒントになることもある。前節でお話したように、空手道の解説書ばかりでなく、他の武道の解説書にも答えやヒントが多くある。例えば、高野佐三郎先生の『高野佐三郎剣道遺稿集』（スキージャーナル）は、空手道への応用として多くの示唆を与えてくれる。また、古い著作だが、佐藤卯吉先生の『永遠なる剣道』（講談社）も修行とは何か、ということを示してくれる素晴らしい内容である。

基礎練習も大切だし、基本練習の反復も重要であるが、精神的な感化を受けつつ稽古に励むことで、より一層の伸展があるということも覚えておこう。

短時間集中で真剣な稽古を

次に、稽古のあり方であるが、なごやかで和気あいあいという雰囲気も多少必要だが、全体的には節度のある、爽やかな緊張感で行う。そして、短い時間でよいから必ず真剣勝負という場面を作っていくことが重要だ。

やる気があるのか無いのか、ダラダラと時間を無駄に使うような稽古ならやらない方がましだ。練習に影響が出る程に疲れているのなら、むしろ休養をとったほうが良い。試合に参加し、勝つことを目標に掲げる以上は、緊張感と真剣勝負の雰囲気を道場内に醸し出さなくてはならない。

締まりの無い練習をしている道場、学校は残念ながら上位に上がってこない。上位に残る選手も育たない。そのような者たちの稽古には、気迫がまったく感じられず、試合当日は全員浮き足立っている。試合巧者から見れば、対峙した瞬間に普段の稽古の雰囲気まで見えてしまう。

大会まで1週間という頃にやっとエンジンが掛かってくるというようでは、結局精神的にも肉体的にもいつも進歩が無い。互いに勝てない状況を慰めあって、また次回頑張ろうなどと言い合うのが関の山だ。大会の予定などは早くから決まっているのだから、目標をしっかりと掲げてきちんと練習のスケジュールを作成しなければならない。

勝ちたい、入賞したい、優勝したいと目標が明確になると練習に身が入る。目標があると、自然と実戦をあれこれと想像し、工夫が生まれてくるのは当たり前だ。もちろん修行と言うものはいつも変らず黙々と実践するという面もあるが、試合に勝ちたいという欲があればこそ稽古がメリハリのある物となる。

勝つための努力精進が修行の伸展になればよいのである。そのためにも悔いの残らないよう平素から常に真剣勝負のつもりで練習に励もうではないか。

繰り返しだが、長くダラダラと稽古をするくらいなら、本当に短時間、時間厳守で真剣な稽古を行うことを目指すべきだ。ちょっと厳しい先輩、先生に稽古をつけてもらう。苦手意識のある人との組手に果敢に挑戦していくのだ。気心の知れた仲間同士でいくら練習しても、本番の役に立たない。

創意工夫の大切さ

緊張感のある稽古をと書いたが、同時に「業（ワザ）」に関する研究を常に心がけて欲しい。一つの業を本当に自分のものとするにはそれなりの研究が必要なのである。

「空手バカ」という言葉があり、このようなところに書いてよいかどうか迷うところだが、悪い意味で使うわけではなく仲間が集まると業の研究、自分の工夫、新たな発見など、時間を忘れて夢中で語り、稽古が好きで好きでたまらないという人達のことだ。大いに語り、大いに研究し、創意工夫をして欲しい。与えられたものを無自覚に反復するのではなく、自分から求めていく時、そこには喜びが生まれる。厳しい練習がすべて血肉となることを覚えてこうした仲間をたくさん作って欲しいものだ。

相手の視線をそらしてはいけない

さて、ここからは試合の場に臨んでの心構えをいくつか書いてみよう。

真っ先に書きたいことは、試合に臨んでは会場の雰囲気、大会の様子に呑み込まれないことだ。そして相手の気迫に押されてはならないということは言うまでもない。先にも書いたが、平素の稽古を真剣に行い試合であろうが、稽古であろうが平常心、というのがもちろんベストだが、言うほどには簡単なことではないのが普通だ。しかし、それなりに稽古してきたのであれば、ここに来て縮こまっていても何の意味もない。何度か大きく深呼吸でもして居直るくらいの気持ちでよい。いざ対戦してみなくては相手の実力は測れない。へんな先入観で精神的に押されてしまっては、勝てる試合も落としてしまう。相手も落ち着こう、と努力しているのだ。相手の気迫を押し返し、逆に自分の気迫を見せ付ける気概で臨もう。大事な場面で気迫負けしないということだけでも自己成長であり修行の成果となる。

具体的には、相手の視線に対して決して視線をそらさないこと。相手をにらみつける必要はないが、相手の視線をきちんと受け止め、相手の目を見据えながら身体全体を見るように心がける。身体の一部分のみを注視しないということだ。

例えば、拳の動きをジーッと見て、突いてきた拳を受けようとする選手がいるが、その拳に惑わされて、簡単に二段攻撃で決められてしまう。拳を見て拳を受けるのではない。平素の稽古では自然とできているはずのことが試合会場で出来なくなってしまう。このことに思い当たる皆さんは、最初は間合いをしっかりとって相手の姿全体が見えるのを待つのが良い。

試合で落ち着く方法

気迫負けしないという時点で、既にかなり落ち着きを得ているともいえるが、あえて試合で落ち着く方法といえば、呼吸にある。

野生の動物でも危険が近づいたり、こちらから攻撃に出ようとするときは、脈拍数が上がり、呼吸数が増す。臨戦態勢のひとつの現われである。戦いのモードに入っているのだから、それは嫌がるものではない。そのさなかに自分の呼吸がどのようになっているかを確認できるかどうかが一つの鍵だ。できれば腹式で、できなければ胸式でも良いから大きく息を吸ってゆっくりはく。そして、「肩の力を抜く」これだけでいい。普段の生活でいつでもどこでも気づいたら「肩の力を抜く」事をクセにしておいて欲しい。

「間」と「間合い」の組み立て

「間」とはタイミングのことだ。あせったり、あわてたりするとこの「間」の取り方がパターン化してくる。「あせるな」と自分に言いきかせても、あせっている時はどうしようもない。気がついたらポイントを取られていたという経験をしている人も少なからずいるだろう。これを防ぐ方法は、自分の身体のそれぞれの部位がどこに存在しているかを確認する。

ばかばかしいと思われるかもしれないが、俺の腕はここに在る、腰はここに在る脚がここに在ると確認するのだ。目で確認するのではない、ここに在ると感じるだけでいい。自分の体がどこに在るかという空間確認ができると、瞬時に「時の流れ」である「間」の認識が生まれる。つまり自分がどこに居るか分からないと「時」が計れないのだ。

「間」の意味が分かってくると、空手の試合以外でも人生が楽しくなる。これも修行の成果として将来にわたって役立つものである。

一方「間合い」とは相手と自分の距離のことだ。「間合い」は相手の身体がどこにあるかの認識である。自分の身体がどこにあるか、相手の身体がどこにあるかの両方を認識できれば、何度かツメる、離れるの繰り返しで自分に有利な「間合い」が感じられる。「間合い」とは相手との位置関係で決まるから、一定の距離というわけではない。自分に有利で、相手に不利な角度があるのだということを理解していると飛び込む恐れが消える。

間合いが計れるようになると相手のクセが見えてくるものだ。攻撃パターンもクセが出てくる。

例えば、蹴りに出る瞬間に一瞬体が動く。その瞬間がチャンスだ。ただ、その動きで相手を誘うということも常套手段であるから、そこが試合の駆け引きとなる。

以上実戦で応用が効くいくつかの方法を書いてきたが、ご存知のように試合のときだけにこのようなテクニックが使えるかというと実際には普段の稽古こそが重要なのはいうまでもない。

試合の場数を多く踏む

「場数を多く踏む」ということを聞いたことがあると思うが、試合経験を多くすることが落ち着きも出るし、視野も広がる。

　初めて試合をしたときを思い出して欲しいが、眼前の相手の姿しか目に入らず、気持ちが舞い上がる状態、相手の拳しか見えなかったというのが本音であろう。ところが試合の経験を多くすることで、見えてくるものが違う、無駄な動きがなくなってくるからだ。何事もそうだが経験というものは、脳も、筋肉もある程度の予測をしてくれる。こうなるだろうという予測ができるようになれば緊張が解けて、見える視野が広がり、全体が見えてくる。相手の動きに集中しながら、もっと広い視野が手に入る。こうなると攻撃のタイミングが見えてくる。

　試合経験という場数が多ければ多いほど、試合会場の雰囲気に呑み込まれることも無くなる。本来の集中力を分散させることなく、対戦相手に充分向けられる。こうなると、相手のチョッとした筋肉の動き足の角度、クセ、攻撃パターンが見えてくる。相手の四肢の個別の部位ではなく全体の中の部分が見えてくるというわけだ。

　試合会場で波に乗り、どんどん実力を付けていく選手がたまにいるが、試合会場という特別な環境が一回一回経験値として集積されるからだ。ただ、毎回波に乗れるというわけではないのだから、ぜひとも道場で、皆の見ている中で実戦的な自由組手を短い時間でもよいの

場数を多く踏むと、見えてくる視野がドンドン広がる。

で、取り入れて欲しい。この練習では、勝敗の結果よりも、互いの感じ方、良かった点、悪かった点、周囲の道場生からのアドバイスなどを積極的に取り入れ、良い意味での反省を実力アップの材料とするのである。

十七　日本人の生活風習が培った身体操作

武道の修行と身体感覚

皆さんは自分の身体についてどれだけ考えたことがあるだろうか。怪我をしたり、病気になると誰もが自分の身体について考えるが、普段の生活ではなかなか自分の身体について考えるということがないものだ。ただ、武道やスポーツを行っているものはそれなりに身体の操作を研究しているので、そうしたことと無縁な方々よりは気を遣っていると思う。

それでも、自分の内臓の位置関係や、筋肉の付き方、特に最近注目されているインナーマッスルなどはなかなか意識を持つことは無い。

しかも、意識なく活動しているときに、あえて自分の身体の部位がどのように働いているかなどと考えもしない。むしろ各部分の動きを考えなければ働かないというのでは、生活が成り立たないだろう。空手の基本練習も無意識に技が繰り出せるようになることが重要であるから、あまり考えすぎると出来ることも出来なくなってしまう。

しかし、今回はあえて身体操作と身体感覚に着目し、私たち日本人が武道の修行に有効に活かすことが出来るポイントを探ってみたいと思う。

身体の各部位の動きと感情表現

日本語では、抽象的なことを説明するのに身体の部位を使うことが多い。「腹を割って話す」「腹が据わった人だ」「腰砕けになる」「頭が固い」「肩身の狭い思いをする」など、挙げ出したらきりが無い。他の言語でも勿論このような表現はたくさんあるが、日本語ほど多くはないようだ。抽象的な物事や感情を、身体の感覚で表現しているわけだが、日本人はそれだけ自分の身体の感覚を自覚している民族だといえる。

例えば、「頭が固い」といえば、思考に柔軟性がないことだが、考え方に幅がなく思考が硬く固まっている状態だ。いかにも思考が固定している様子が目に見えるようだ。「肩身が狭い」というのも、いかにも肩を狭めて弱々しく辛そうな姿が想像できてその人の感情が手に取るように分かる。

この「手に取るように分かる」というのも抽象的なものが具体的に分かるということを表現しているわけだが、どう表現したら相手に伝わるかということを私たちの祖先は色々工夫しているのが面白い。

身体の動きと感情との関係に着目することで、抽象的なことや感情を具体的に表現することが実にうまい。身体を意識させる日本語の妙といえるだろう。武道の稽古にあっても、技術の習得には身体の各部の運動を具体的に示すと同時に、具体的には見えない。「胆」の充実とか「腹を作る」などの表現で技術を説明することも多い。これは単に、武道の技術習得だけに留まらず、精神的なレベルアップも意図している。

一方、前節で説明した、「落ちつくためには、自分の身体が空間の中のどこにあるかを意識する」と説明したのは、身体と精神の融合、更に自分の存在している場を意識することを意味している。つまり、緊張のあまり自分の身体がどこにあるのかさえ分らないという状態は、五感から脳に伝えられるべき情報が、途中で分断されているか、詰まっていて届かないかのどちらかだろう。

実際に自分の腕を見て、ここに自分の腕があるということを目で確認さえすればよいのだ。これなら誰にでも出来る。一見ばかばかしいことと感じる人もいるだろうが、極度の緊張というのは完全に身体が膠着していることを意味している。意識しないと自分の手足すら見えないというわけだ。

普段から「緊張したら自分の手を見ろ」と脳に語り掛けることで、無意識のうちにそのように出来るようになればしめたものだ。こうなれば、ちょっとやそっとでは自分の身体が意識できない程の緊張に縛られることは無い。

身体で覚えるということの大切さ

どうだろう、身体を意識するということの意味は理解してくれただろうか。身体を意識することが出来るようになれば、稽古のあり方が、がらりと変化する。第三者の目で自分の姿がイメージできるようになるのだ。これが身体で覚えるということの第一歩だ。身体で覚えるというと、何も考えずに無意識に動くことと理解しているかもしれないが、その本質は違う。自分の身体が意識できなければ、脳は指令を出せない。

現代の学校教育の姿を見ると、知識の詰め込みということに偏重し、それが勉強だと思い込んでいる教師も親も実に多い。体を使って覚えるということがまるで低級であるかのように考える傾向があることを改めなければならないと思う。

知識の多さだけでは、決して人間性の豊かさにはつながらない。相手の痛み、悲しみが分かる感受性が必要だと思う。

そして、身体を使って事の本質を知るということにおいて、武道を学ぶことほど有効なことはあるまい。もちろん他のさまざまなスポーツにおいても身体を使って多くのことを学んでいくわけだが、修行という側面を通して精神と肉体とのバランスを常に考慮しながら事の本質に迫ろうとするという点で武道は長い歴史を有しているといっていいだろう。

痛み・悲しみ・喜びを感じないままに知識偏重の教育を続けていけば、更に子供たちの心はバランスを失い、とんでもない危険な社会を作りかねない。心と身体のバランスが取れるように導く指導者がますます必要となっているといえる。

私たち武道を先に学んだ者は、この点、身をもって知っているわけであるから、自信と責任を持って指導に当たらなければならないと思う。

かつての文武両道に長けることを善とした風潮を取り戻すことが必要であり、武道の修行で明日を拓くという意味もここにあることを再確認したい。

身体の歪みと技の関係

身体感覚の意識が薄いと、年齢を重ねる毎に身体の歪みが出てくる。例えば怪我などで、片方の足をかばっていると筋肉の付き方が変化し、骨格に歪みが出たり、不自然な姿勢や、座ったままの状態で仕事などをしているとそのアンバランスな姿勢を矯正し、バランスをとろうとして骨格までがどんどん歪んでいく。土台が歪み、更にその上に積み上げようとすればどんどん歪みがひどくなるというのは理解できると思う。

このような状態のまま練習を続けていると空手の技もどんどん癖がついていく。アンバランスな技は見た目にも美しさが欠如しているが、それにも増して対戦相手にとっては、技が見切りやすくなる。癖がない技こそが美しく、かつ威力があるといえる。

このため、技を習得していく過程では、身体全体のバランスを意識し、歪んだ身体を正常に戻すというイメージを持って稽古をしたい。

美しい身体、美しい姿勢を取り戻すためには、普段から自分の身体の軸ということを、意識した生活を行って欲しい。

具体的には、自分の頭のてっぺん（百会というツボとして知られる）から身体の中心を通って地球の中心に伸びる縦軸を意識することが必要だ。更に大切なことは地平に対する平行線を意識することだ。例えば、左右の肩を結んだ線、同じように肩甲骨の左右を結んだ線、腸骨の左右を結んだ線が地平と平行になっているかどうかということだ。裸になって鏡を見れば、肩、腸骨の位置は見える。更には、実際には見えていない部分も縦軸とこれら横軸を意識して生活をするということが姿勢の矯正に大いに役立つ。

このように意識し始めると、だらしのない姿勢をとると気持ちが悪くなってくる。この生活が身についてくると、椅子に座ったとき、テレビを見ながらリラックスをするとき、稽古で形の練習をするとき、いずれも自然とバランスのとれた姿勢に近づいていく。電車の中で足を投げ出し椅子から落ちそうになっている若者を見るだけで、こちらが疲れてくるような錯覚さえ覚える。

正しい姿勢の必要

昭和30年代頃までの平均的な日本人の生活様式、躾というものが、非常に理に適い工夫された生活であった。テレビが家庭の中心にすえられ始めた頃からこれらが失われてしまった。最近の中高生、大学生を見ていると多くの者たちの軸がグニャグニャになっている。少々かわいそうな気さえする。ますます武道の普及の必要性を感じてしまう。

武道の楽しみは試合の勝ち負けだけではないとこれまでも何度もいってきたが、武道の稽古を通して正しい、均整の取れた身体を作ることで健康も維持される。均整の取れた身体、節度ある生活習慣は病気を寄せ付けない。すでに仕事を持っている皆さんにとっても、これから社会に出て行く皆さんにとっても、武道で学んだことが役に立つことを身をもって知るだろう。ぜひとも途中で修行をやめずに続けて欲しい。

「健全な肉体に健全な精神が宿る」とは言い古された言葉のように感じるかもしれないが、社会に出ても、武道を学んだ皆さんであればこの意味が実感できると思う。

日本人の身体意識と正座

先の項で書いたように、日本人は長い歴史をかけて身体を意識する工夫を培ってきた。工夫の証の一つとして、例えば正座の習慣がある。背筋を伸ばし、肩の力を抜き、腹と腰とに内臓をしっかり納め、腹式呼吸をしっかりすることで、自然と丹田に力を集める方法が出来上がってくる。昔の人は、生活の中に取り入れることで誰もがその恩恵を受けていた。

せっかくに武道を学ぶのであれば、私たちの先達が作り上げた修行のシステムを充分に味わいたいものである。単なる儀礼的なものと思っている事の中に、実は大切な修行システム、

正座という習慣を取り入れることで自然と「腹」作りの意識が持てるようになった。

技術向上ポイントが潜んでいる。

先祖が作り上げた身体および精神の強化システムにもう一度目を向けることが必要だろう。場合によっては生活に取り込まれ、強化システムとさえ認識されないものもあるかもしれない。

「温故知新（おんこちしん）」つまり、古きをたずね、新しきを知る、ということだが、古の人が素晴らしい感性で、高度な能力を身につけていたという事は大いにありうることだ。武道の修行の中にはその智恵が少なからず残っていると思う。

また、武道の修行のプロセスにおいて、基本はマスターしたと思っても、また基本に戻ってくると新しい発見があり、基本の中に本質があるということが徐々に理解される。形だけ真似ていたものが、形から抜けて、自分のものとして自覚できるようになった頃、その基本の本質が見えてくるものだ。

単調なものに本質があるということは、結局修行を継続しなければ到達できない境地であるから、うまずたゆまず努力継続しなければならないことを肝に銘じなければならない。

生活に根ざした身体操作

さて最後に、最近の海外の空手選手の動きを真似て、日本人選手がトントンと跳躍をしながらリズムをとって突き、蹴りのタイミングを計っている様子を見ることがある。しかし、実際に有力な海外選手の動きを観察すると、跳躍しているように見えて実は上体は殆ど上下していない。跳躍をしながら膝のバネを使い、身体のバランスを取っている。更に上体の緊張を取り去る工夫なのだと思う。そこに独特なリズム感覚を組み合わせて間合いを計っているようだ。

彼らの生活風習、独自の感覚から出てきた戦法であり、有効な部分を持っているのだろう。それを形だけ真似ても意味がない。逆にリズムをとられ簡単に崩されるチャンスを与えてしまう可能性がある。付け焼刃の戦法ではなく、日本人の生活風習が培った足捌き、体捌き、運足、膝の抜きから一気に間合いをつめるなど、自分の得意な動きでしっかりと試合を進めることが大事ではないだろうか。もちろん有効な部分は研究工夫し、自分のものにすることも大切であるから海外選手の全てを否定するということではないことは書き添えておこう。

ただ、言いたいことは、日本人の生活様式にもう一度目を向け、日本人としての身体特徴を活かすこと。そして日本人の生活に根ざした身体操作を更に工夫するという、伝承の技術をあなどってはならないということだ。そういった伝承と工夫こそが空手の真骨頂であろう。

十八　修行の心組みの基本を知る

「やる気」が全ての基本

武道における修行の最終目的は、「人格陶冶」ということを何度か書いてきた。意味が分かるようで分からないと言う人がいる。もう少し易しく言うと自分で自分を律することが出来る「自律心を養うこと」という言い方も出来る。

更に、ごくごく簡単に言うと、「やる気」を常に維持すること。辛いときも、悲しいときも「なにくそ!負けてたまるか」と自分を奮い立たせること、といえば分かりやすいだろう。

「人格陶冶」と「やる気」が同じ?と、不思議に思った人もいるかもしれないが、以下を読んでくれれば納得がいくだろう。

誰しも人生という長い道のりの中に、苦しみや、悲しみが訪れる。命あるものに必ず死が訪れるのとまったく同じように、逆境・苦悩を経験しない人はいない。逆を言えば、こうした経験をどのように乗り越えていくのかを学ぶのが人生だという言い方も出来るだろう。

武道の稽古を通して人生の中に現れるこうした試練を先取りする、つまり厳しい環境に自ら身を投じ、心身を練磨しようとするのが武道の修行である。社会人となり仕事に取り組むときには、空手で学んだことが大いに役立つ。激しい修練を重ねると、人生で出くわす「問題」など意に介すことなく平然として歩むことが出来る。

知識や技術をたくさん持っていてもたった一つ「やる気」がなければ宝の持ち腐れとなる。空手の稽古でこの「やる気」を培うことが最も大切だ。「今日は暑いから稽古休んじゃおうかな」という心に打ち克つのが「やる気」だ。

自分が主人公だという意識があるか

「やる気」とは「意思」であり「行動」である。あらゆることがここからスタートする。だから、自分をコントロールすること、精神力の更なる強化など、全てがここを出発点として進んでいくのである。それは「人格陶冶」の種となるものだ。

ただし、武道を何年も稽古してきたものであっても、意思と行動が正しい方向を向いてない人もいる。これでは大切な修行の基礎は積みあがっていかない。あなたの「やる気」の源泉は、いつも変わらないかということだ。「やる気」というのが上がったり下がったりするのはやむを得ないが、修行の主人公、つまり修行しているのはあなた自身だということを自覚しているかということを皆さんに問いたい。

「そんなことは当たり前だよ、僕が稽古しているんだから」誰しもがそう思うかもしれないが、現実を良く見て欲しい。例えば、何かの大会に出場し、その反省会を開いたとしよう。その反省会の発言を聞いていると、次のような反省点を出す人がいる。

審判への不満。
対戦の組み合わせに対する不満。
体調の不備。
いつも運が悪いんだ。

こうみると、あなたの試合なのにあなたがこの試合の主人公でなくなっている。審判が主人公になり、組み合わせをした誰か、病気そのもの、運という形の見えないもの。そういった自分以外の人や現象が主人公になっているのだ。

他人へ責任転嫁する心癖

本当の反省とは、常に自分が中心でなければ、反省が活きてこない。つまり、自分の修行道でありながら、物事が上手くいかないことを他人のせいにしていると、自分の人生でありながら他人の人生を歩いているようなもの。コントロールが出来ないまま、全てが他人任せということになる。

試合での勝ち負けは重要だし、そこを一つの目標に努力を重ねているのだから、その勝敗は重要である。しかしそれ以上に、自分がどれだけ成長しているか、自分がどれだけ自分をコントロールできるかが最も大切なことである。

ここが分かれば、反省の仕方が違ってくるし、稽古の取り組み方が違ってくる。弱点を克服しよう、集中力を鍛えよう。基礎体力をつけよう、持久力を養おう等々自分が見えた稽古の取り組みとなる。

あなたの人生の主人公があなた自身であるように、あなたの稽古の主人公もあなた自身であるべきだ。

例えば、仮に審判が悪意を持って自分に不利な判定をしたとしても、私の修行にとって何らかの意味があるに違いないと思えるほどの境地を作るということだ。

対戦相手にしても、必然があっての組み合わせ、相手から学ぼう、この試合で成長するぞという心組みが必要だ。

体調にしても、あなたの身体なのだから、あなたの行動の中に原因はあるわけだ、体調のコントロールが出来ないようでは修行道を歩いているとはいえない。

空手の鍛錬が、明日を拓く

これらのことは社会に出てみるとはっきりと分かる。将来サラリーマンとなる人も多いと思うが、サラリーマンの夜の盛り場の会話といえば、上司の悪口、同僚との足の引っ張り合いという会話が圧倒的だ。あいつのお陰でこうなった、こいつがこんなことを言ったためにこうなった、誰が何をしたせいで……と会話の中心が殆ど他人なのだ。「あなたの人生の中心はあなたじゃないのか」と言いたい。

皆さんにはこうなってはもらいたくない。「やる気」を最大限に発揮し、これも修行の一つなのだから、厳しさが当然。この試練の向こうにあるものが何なのか楽しみだ、というような気概でことに当たって欲しい。それが空手で修行した者達の最高の武器となるのだ。

武道を学ぶことが人生にとってどれほど力になってくれるか。皆さんは空手を通して、忍耐力、集中力、判断力、リーダーシップ、人の痛みの分かる感受性等々様々な力、恩恵を受けることとなる。

最近特に気にかかる、情緒の不安定な若者、人とコミュニケートする力が著しく低い若者、こうした人達を目にすると、武道やスポーツで汗を流している若者たちのなんと幸せなことかと思う。もちろん大人になっても継続できるものだし、実際継続している人達にとっては心の支え、活力の源、健康の下支えとなっていることも、皆さんの見たとおりである。

仕事に就いて知る空手への感謝

子供の頃から空手の道場に通っていて、それほど強いというわけではないが、稽古は休まない。空手を通じて友達もでき、大きな病気もせずに学校へ通い。それほど学業に特別に秀でたところもないが及第点は取れる。社会人になっても空手道場に通い、やがては自分が子供たちに手ほどきができる。一見平凡な空手選手のようだが、かなり恵まれた人生を送っているといえる。

空手を通して培った力が、社会で大いに活きてくる。

知らず知らずのうちに育てられているということではあるが、基本的には道場で「やる気」を育ててくれたことが全ての基本となっていることを将来皆さんは理解してくれるだろう。

武道が担う役割は大きい。これからますます求められるだろう。社会人としての最低限のルールを身につけるには最適である。また、学生の就職試験でも学業成績よりクラブ活動や、人柄を重要視する企業が圧倒的に多い。

最近、コミュニケーションが取れない若者がどんどん出てきているというのだが、誰かといるより一人でいるほうが好きだ、他人といると面倒だ、会話をするのは億劫だというように感じる人は要注意かもしれない。多くの人がこれを悩んでいるらしい。ぜひとも何らかの武道を始めて、心身を鍛えて欲しいものだ。

夏の暑さが鍛錬となる

さて、「やる気」の意味と「やる気」の源泉が常に自分でなければならないということを分かってくれただろうか。

ここが分かってくると、俄然稽古が面白くなってくる。修行の道に就くことの喜びに関してはこれまでも何度か書いてきた。山登りと同じで、苦しいけれど目的があることは充実感がある。こんな感じになれる。

夏の太陽エネルギーをたくさん受けて稲穂が秋の実りを付けるように、夏の暑さの中で鍛錬を重ねることは大いに意味があったのだ。厳しさの中にあえて自ら身を投じようという気構えが、秋の実りという結果を生じさせるのだ。

さて、この項で、目的と書いたが、皆さんにとって最終目的とは何だろう。何度も書いてきたように武道の道は、一生涯の修行の道に就いたことと同じであり、修行の最終目的とは何かという意味だが、皆さんにそれが何かと問うのは少々酷なことかもしれない。今はがむしゃらに稽古することで精一杯だと思う。

基礎練習の繰り返しで、つらくとも歯を食いしばってそれに耐える。夏の暑さの中で稽古をして忍耐力を養う、これらも身体を通して腹作りをしていることだが、よく考えると「もう少し！」「負けてたまるか！」と自分自身の弱い心を克服しようという心の鍛錬が、「やる気」を作っているのだ。

どれだけ筋力が増して、技が磨かれても心のコントロールが出来ない人は自分に勝てない。逆を言えば、自分に勝っているから強くなっているという見方も出来る。

修行道を進むためのコンパス

「やる気」ということを考え、自分の責任を充分に自覚することが出来るようになることが、本節のテーマであった。

ここでもう一点、最後に重要な話をしよう。目的を見誤ると、とんでもない回り道をしたり、完全に道に迷うことがある。そのようなときに道を示してくれるのが師であり、先輩である。稽古もそうだが、人生の悩みなどを先輩たちに相談することも、立派な修行の一行為である。単に筋力を高めたり、スピードを競うだけではなく、精神的に強くなること、他人の痛みを知ること、人間としての生き方に悩むことも修行の一つである。

ただし、あらゆることをいろいろな人達に相談し、自分という主体が消えてしまっては何の意味もない。空手の稽古で、先輩の指導をもらっても実際に身体を動かすのは自分であるように、その他のことでも実際に行動をするのは皆さん自身であることは忘れてはならない。

諸先輩のアドバイスとともに自分なりの確たる信念を持つことも大事だ。最後に、皆さんが修行の道で、遭難しないための(目標を見誤らないための)コンパス(磁石)をプレゼントしようと思う。

このコンパスは、「難易コンパス」という。通常北にN、南にSと書いてあるが、このコンパスはNの部分に「難」、Sの部分に「易」と書いてある。

皆さんは常に「難」の方向に進めばよい。実にシンプルだ。どちらかの選択をせまられたら、コンパスの向いた方、つまり「難」の方を選べばよいのだ。

一見不利なこと、自分にとって好ましくないことが出てきても、これでいいのだ、これがいいんだと思えたとき、それは一歩前進だ。

このコンパスで修行の道を進むとき、皆さんは「損をしている」という感覚が生まれることもあるだろう。しかし、時間が経って振り返ってみたとき、皆さんは、自分自身の心を少しずつコントロールできるようになっている自分を発見するだろう。

　このコンパスは空手の修行にも役立つが、人生修行に大いに役立つ。次代の担い手である皆さんにこそこのコンパスはよく働く。しっかりと明日を拓いて欲しい。

十九　修行とはプロセスのこと。
一つの勝敗で一喜一憂をするものではない

空手の歴史は沖縄にある。中国との地理的な近さが幸いし、その影響を受けながら、独特な格闘技として発展した。しかし、そのベースとなったものはあくまでも人が生き延びるための格闘の方法、また護身の術であるが、間違えば相手の命を絶つという血なまぐさい技術なのである。

そのような意味で、使い方によっては大変危険な技術であることの自覚を持って稽古に励まなければならない。

日本最古の空手の試合?

『日本書紀』に空手の試合についての記述があり、これが記録に残る日本最古の空手の試合だといったら驚くのではあるまいか。垂仁天皇の命により行われた天覧試合、野見宿禰(のみのすくね)と當麻蹴速(たいまのけはや)の格闘試合がそれだ。

格闘技の歴史に詳しい人であれば、「それは相撲の起源でしょう」という人がおられると思う。その通りである。その通りではあるが、この試合の内容を知ると、現在の相撲とはかなり異質である。現在の空手の試合に近いといえるような気がする。

當麻蹴速とは、開化天皇の系統の皇族である小俣王（こまたのおう）の血をひく當麻勾君（たいまのまがりのきみ）の末裔で、品格のある大人物であったらしい。蹴り技の名手で、その蹴りの速いところから蹴速というように自他共に呼び習わしていた。現在の奈良県當麻町に領地を定めていたという。

蹴速は自らの力と技に大きな自信を持っていたらしい。その蹴速の願いは自分の力を極限まで試すことだと周囲に話していた。

「あちらこちらと捜してみたが、どこにも自分に比較するほどの力のある者がいない。なんとかして強い者とめぐり会い、生死をかけて、存分に闘ってみたいものだ」

この蹴速の言葉が垂仁天皇の耳に入り、臣下に広く各地の強い格闘者を探すよう命じ、出雲に野見宿禰という強力者がいることが分かり、野見宿禰が呼ばれ天覧試合と相成った。

この試合内容を記述から再現すると、二人は相対して立ち、互いに蹴り技を応酬しあった。最初は、蹴り技に優れた蹴速が、宿禰の肋骨をその蹴り技で折ったとある。想像するに前蹴りのような技ではないかと思われる。その後宿禰が蹴速の腰の骨を踏みつけて折り、蹴速を殺してしまったとある。同じく想像だが、蹴りで肋骨を折られた宿禰が、うずくまるように倒れると見せかけ、蹴速にタックルを仕掛けたのではないか。蹴速を倒したところに蹴りを入れながら最後は腰骨を踏みつけて止めを差した。このような感じではないだろうか。腰の骨を折られて即死ということは考えられないので、これが元で死に至ったのであろう。

突き、蹴りが格闘技の基本

この試合の内容を元に、これは相撲の起源ではなく空手の起源だという主張をしたいというのではない。素手で生死をかけて行う格闘技というのは現在の空手の試合と合い通じるところがあることを知って欲しいだけである。

別の歴史書に、奈良時代に相撲技48手と作法を制定し、「突く・打つ・蹴る」の三手を禁じ手として現在の相撲に近いものとしたとあるから、もともとの相撲は確かに「突く・打つ・蹴る」を含めたものだった。ということは、野見宿禰と當麻蹶速のこの試合が相撲の原点であることは間違いない。

生死をかけて素手で格闘する場合の原点は、逆に「突く・打つ・蹴る」が基本であり、組むというのはルールに守られた、格技の鍛錬・訓練の一部であると見て取れるのではないだろうか。

相撲の原点も蹴り技が基本だった。

世界各地で自然発生的に成立する、素手による格闘技というのは大体このような戦い方に始まり、逆関節を取るか、首を捻る・絞めることで相手の戦闘能力を奪うか絶命させるということだったのだろう。

空手の歴史も、沖縄にあった原初的な格技がベースにあって、中国からの格闘技術が伝播され、より高度なものに昇華されたものなのだと思う。沖縄ではこの格闘の術を中国から輸入した「形」という記憶装置に入れることで危険性を回避し、何代かに渡り伝承してきたのだ。単に記憶装置に入れただけではなく、約束組手という再生装置で常に技の効果を試してきた。そうして伝えられたものも、実際の戦闘で使うということはほぼなかっただろう。

これを現代の競技空手に転換し、ルールや防具などで危険性を取り除くことにより武道として全世界に普及したという点では我が国の功績は大きい。

得意技を磨くことの落とし穴

さて、話を野見宿禰と當麻蹶速の格闘史に戻して、修行にとっての教訓をいくつか導き出したい。

私たちにとって空手は修行の手段であり、試合の勝敗は結果に過ぎない。命を落とすわけではない。それに比べ、野見宿禰も當麻蹶速も命がけの勝負である。蹶速もいくら自信があったとしても、自分の技におぼれて油断したというわけではないだろう。事実その得意技で先に相手の肋骨を折っているのは當麻蹶速の方だ。ここで、當麻蹶速は勝ちを確信してしまったのかもしれない。そこに落とし穴があった、最後の止めを差すまで気を弛めてはいけなかった。

これは我々の競技会でもいえる。試合の流れ、ポイント数で上回っていて勝ちを確信した瞬間スキができて、時間ぎりぎりで連続で極められ、あせりの中、僅かの差で負けてしまうということがある。

得意技を磨き上げることは大変良いことだし、得意技を持っていることで自信も出て、試合に臨んで緊張することはない。得意技に更なる磨きをかけることは重要だ。しかし、得意技ばかりに気が行って、自分に弱点があることに気づかなければ、得意技を出す前に弱点を突いてくる相手がいつか出現するものだ。

とは言うものの、強い相手が出てくるからこそ進歩があり、修行になるのだ。毎回が真剣勝負であったろう當麻蹴速にしても、純粋に自分の力を伸ばしたい、強い相手と闘ってみたいと思っていたことを思わせる記述がある。私たちの空手修行では、命までは取られないのであるから、より強い人と交わり、更なる成長を遂げたいものだ。

弱点を克服し得意技の使い方が分かる

得意技の精度を高めると同時に、弱点の克服が必要だ。どうしてもうまくいかない技だったり、自分の体が硬くて他の人のように足が上がらないとか、苦手意識があるとどうしても練習にも身が入らなかったりするものだ。弱点があるということを認めたくないという気持ちにもなる。

しかし、弱点の克服なしに試合での勝利はありえない。何度試合に出ても勝てない。仮にポイントの上では勝ったとしても、自分が勝ったというよりは、相手が負けたという気持ちしか残らない。だが、面白いもので、自分の弱点を認めその克服に乗り出すと、進歩の度合いが違う、人の言うことが素直に聞けるようになる。後輩にさえ素直に聞けるものだ。弱点の克服は、精神的な弱さの克服に通じる。

この克服ということは、試合の勝敗だけではなく、「修行」という点からも更に一歩成長することだと言える。弱点があったからこそ、前へ進めることができたのである。嫌なものを「嫌だ、嫌だ」と心の中で繰り返していたり、見たくないものに蓋をしていると、得意技も活きて働かないのである。

弱点を認めたときから克服のプロセスがスタートするのであり、なぜ弱点となっているのか、何が足りないのか、そのように色々考え、創意工夫をすることが重要なのだ。場合によっては弱点があるから得意技がうまく極まるということがある。例えば、自分の弱点をさらけ出すことで相手が不用意に反応する。そこをすかさず得意技で極めるということができる。

考えてみれば、蹴り技などは、片方の足が上がっているときは、片足で全体重のバランスを保っているわけで、それこそ最も不安定な、弱い状況だ。しかし、その不安定さがなければ蹴り技ができない。更に言えば、蹴り技にスピードと破壊力をつけるのは不安定さだともいえる。軸足でどっかりと安定できるのであればそれに頼って、スピードも破壊力も出ないであろう。

稽古の中で技の特徴を見極める

蹴りという繋がりで、最後にもう一つ蹴りの話を。

最近は、海外選手で蹴りを得意とする選手がどんどん出てきた。長い脚で縦横無尽に蹴りを放たれると、正直怖い。どこから入ってもヌウッと脚が出てきてしまっては、なす術なしという感じだ。飛び込んで、活路を作れといわれても言葉で言うほどに簡単ではない。

海外の「蹴速達」にどのように対処すればよいのか。これは国際大会の問題だけに留まらない。こうした海外選手の影響で、国内でもかなり蹴りを多用する選手が出てきている。つまり、蹴り技を得意にしている選手が以前と比べると多くなっているのだ。

皆さんがすでに蹴りに関しては、色々研究を重ねているのであれば、得意技となるよう精進して欲しい。自分が創意工夫をしていれば、相手の弱点も見えてくるだろう。蹴りがどうしても弱点なのだとしたら、それを克服する努力しかない。得意技とならなくとも、同じく相手の弱点が見えてくるようにはなるだろう。

例えば、宿禰が実際には蹴速の蹴りをどのように食い止めたか歴史書の中には書いていない。先ほどは勝手に想像したに過ぎない。宿禰が、蹴速以上に蹴り技に優れていたとはどうも思えないし、事実一度は蹴速の蹴りの洗礼を受け肋骨を折っている。

宿禰の勝機は、蹴速の一瞬のスキを見逃さず、飛び込んでモノにしたような気がする。瞬間の判断、そして行動を躊躇なく起こせるかどうか、これが勝負の分かれ目であると思うのだがどうだろう。

結果ではなくプロセスが大事

ルールをしっかり厳守すれば、空手の試合や稽古で命を失ったり、大怪我をすることは無い。しかし、冒頭で書いたように危険な技術である。だからこそ、競技会等の結果だけで一喜一憂して欲しくはない。自分の成長というプロセスこそ大事にして欲しい。技術の本質を探りつつ、勝因・敗因を追求し、得意技を伸ばし、弱点を克服する。この稽古の繰り返しが、修行となる。

今回、相撲の起源として紹介した格闘技の原点は、どの格闘技にも相通じる内容である。特に空手の中にその原点が色濃く残っているように感じるのであえて取り上げた次第である。

空手をスポーツとして楽しんだり、武道として修行の一つの方法として稽古していることも、先人たちの命がけの修練、習得という積み重ねの上に築き上げられたものであることを自覚し、先人に恥じないような稽古のあり方を考えて行きたいものだ。

ダラダラと時間だけが流れていくような稽古や、馴れ合いの中での稽古は論外としても、何の目的もなく、工夫もない、焦点も定まらないような稽古では、いくら大汗をかいても意味がない。成果がなかなか出ないで悩んでしまうような稽古でも、ポイントさえ外さずに工夫していれば、必ず答えは出てくる。ちょっとの辛抱だ。

「結果よければ全て好し」と言う言葉があるが、それを「大会で勝って、入賞でもすればそれで好い」というように捉えているとしたら大変残念である。武道の修行ではそれは正しくはない。勝っても、負けても、あくまでもプロセスこそが全てである。

二十

空手道で必ず人生は拓ける。
諦めるな！

基本稽古が推進力となる

第二十節はこれまでのまとめ、そして日本人が育てた武道の魅力を再確認したいと思う。しつこいと思われるくらいに毎回言ってきたことは、「基本練習の大切さ」である。基本練習が単調でつまらないという選手は、残念ながらある時期からの進歩がない。このことは誰でもが認めることだ。なまじっか最初から運動能力が高いと、最初から良い結果を出してしまう。そうなると基本練習をないがしろにしてしまうというケースが多いものだ。しかし基本稽古を続けた選手はやがて実力をグッと伸ばすときがくる。

これにはきちんとした理由がある。その理由とは、基本稽古には空手のエッセンスが凝縮されていること。もう一点、基本稽古は回数を重ねないとその本当の姿を見せないものなのである。

基本稽古の意味が一度で分かったというあわて者はいつまでたっても空手の本質に迫れない。基本稽古とは稽古が進んだ人にとっては同じ練習でありながら新たなレベルの稽古となる。空手道という習得の螺旋階段があって頂上に到達するためには、何度も基本稽古を通過しなければならない。同じ基本稽古に見えるかもしれないが、技術が高まった人間にとっては基本稽古から得られるものはレベルの違う別物なのだ。

螺旋階段を上っていくように何度もレベルの違う基本に出会っては、またそこから技を磨き向上させるという訳だ。

悩んだら基本にもどれということは、皆さんも何度も聞いているだろう。実際には少しなりと進歩しているので始めて習った基本には戻れない。進歩した段階で基本稽古に接すると更に一歩空手の本質に迫れるということを言っているのである。基本には空手のエッセンスが詰まっているのである。この仕組みを知っていると基本稽古が俄然輝いてくる。

負けてもくよくよするな

さて、もう一点。競技会での優勝は目標であって目的ではないということも何度も言ってきた。試合にはもちろん勝ちたいし、それを目標にしているのであるから当たり前だ。時には審判の判定に納得いかないこともあるだろう。試合会場で、相手にポイントが上がり会場から「エーッ?」等と声が上がり、（そうだよ、こっちの方が早いのに）と思ってしまうこ

基本稽古には空手の技術が凝縮されている。レベルが上がれば基本稽古の中に新たな発見があるものだ。

ともあることは知っている。自分では納得いかないと思うだろう。しかし、一番近くで見ている審判の目が正しいということの方が結構多いものだ。よしんば、審判の裁定が間違っていたとしても、そのような判定が出る何らかの理由があるのだろう。結果にいつまでもこだわらないことが必要だ。勝敗にはこだわっても結果にはこだわらない。それは勝っても負けても同じこと、勝負は時の運という言葉もあるではないか。勝敗にこだわるのであれば、試合を終えた後で次の試合に向けて更なる稽古をスタートすることこそ大事なのではあるまいか。

こうした気持ちで稽古に励むことで、自分の技を向上させることが修行の道を歩むことに役に立つ。ただ、どうしても勝てないと悩んでいる皆さんにひとつ修行のヒントを差し上げよう。

それは、勝敗に関して「くよくよしないこと」これひとつだ。

「何だ、そんなことか」と言うなかれ。くよくよしないということが、技術の向上となるということを説明しよう。何か頼りないと感じたかもしれないが、これはかなり重要なことだ。技術力の向上において、くよくよと考えさえしなければ必ず技術は向上する。勝てなくてくよくよしたとき、そのままの気持ちでよい、無理をしてでも自分自身を、人知れずほめてやることが良いのである。

「自分なんかいくら練習したって強くなれないんだ」などと捨て鉢な心を出してはいけない。こうした言葉はやがて劣等感につながっていく。

弱音を吐く、劣等意識を持つ。これらが、修行の道程にとっては最悪の種となっているのである。進歩どころか後退していることになるのだ。後退するための種を蒔いていることになるのだ。

自分が納得できているか

稽古は厳しく、仲間は楽しく。空手は老若男女、誰でも活き活きとさせる。

自分自身に自信を持つこと。ただし、それが大それた自信でなくてよいのである。「今日の蹴りはよく伸びた」「あの選手によくあのポイントで耐えた」そんな程度でよいのだ。このように自分の良い点を見つめていけば、いつか必ずそこが突破口になるものだ。

どんな小さなことでも良い、自分に自信を持つことは、潜在能力に働きかけて自分でも気づいていない能力を開花させてくれる。皆さんなりの力が必ずあるのだ。それは継続力かもしれない、精神力に高いものがあるかもしれない、高度な分析力かもしれないし、技を効果的に組み立てる構成力かもしれない、体がうまくついていかないだけで、理解力は抜群かもしれない。どんな能力もそのほとんどが、先天的に生まれながらに持っているものではなく、各人、後天的に学習・訓練・努力の結果習得されるものであるが、引き出しやすい能力は個人で違っているのかもしれない。人間と生まれてきた以上本質的な能力は内包している。

要は、自分で納得できれば良いのだ。自分で能力が開発されていることを自覚すればよいのだ。他人と比較するからよくよと考えてしまう。親には「他人と比較しないで！」といいながら、自分が自分で他人と比べているというのでは救いようがない。

他人との比較における優劣ではなく、自分が持っている何らかの能力に、自ら人知れず自信を持つことは、技術力を上げるための光明となるのである。

逆に、自分に自信が無いと、どうも他人の稽古が気になって仕方が無くなる。明らかに技術力が劣る後輩などを見つけると、やたらとその後輩を相手に自分の技術力の無さを憂さ晴らしするのは最悪である。

本当に後輩を思って稽古をつけてやるならよいが、自分の自信のなさ、劣等感の腹いせに後輩をいじめるごとくに行動するなど最悪である。ますます自分の劣等意識が高まるばかりだ。

あくまでも修行は自分の人格の向上である。武道全般に限らず平素の生活全般にいえることだが、自分の実力、勝敗の判定の不足不満があっても「天が見ている」勝っても負けても実力はここまでという自分の自覚があればそれでよいのである。

短期的な結果にいちいち一喜一憂をしていては修行にならない。「勝っても負けても、すべてよし」の精神で、修行の道を進んで行きたいものだ。これくらいの気持ちが無ければ、結局長期的な展望も無く、夢も努力も意味が無い。

体力が落ちて到達する境地

本稿でのもうひとつのテーマが「空手道で生涯修行」ということだった。

若い皆さんには創造もしないことだろうが、誰でも体力が落ちてくる時代が来る。しかし、空手が体力だけの競い合いではないところに面白みがある。体力が落ちて初めて、技が身につくということがある。それまでは体力があるからその体力に任せてやっていた技が、力がなくなって初めて、力ではなく本当に技で出来上がっていることに気づく。

これは伝統工芸の職人の技と同じような原理だと思う。繰り返しの先には力ではいかんともしがたい境地がある。だから、諸先輩が「力を抜け！」とよく言っていると思う。力ではなく技を説明しているのだが体力があるとそれが分からない。技が習得できていると体力を鍛える意味が出てくる。体力という運動能力だけでよい結果を出しているとある時期を越えると勝てなくなる。ついにはつまらなくなってやめてしまうこともある。ここからが本当の空手道のスタートと思い、ぜひとも継続して欲しいものだ。

更に言わせてもらえば、生涯現役、それが無理でも後輩を育てることでいつまでも自分なりの稽古を続けて欲しい。

数年前からスポーツマスターズという競技会が年に一度全国規模で行われ、武道では唯一空手が競技種目とされ、毎年好試合が展開されている。その様子を写真等で見たり、参加者の声を聞いたことはないだろうか。実に楽しそうだ、勝負が大事だが、勝っても負けても互いの健闘を称えあいながら、自分の道を着実に歩いておられる様子が素晴らしい。

世間では高齢者社会に突入したことを憂という雰囲気があるが、こと空手の世界では、多くの中高年が最高のエネルギーの充実を見せてくれているようだ。

生涯スポーツというような言い方もされるが、生涯にわたって自分を見つめたり、自分の人生を空手修行の中に反映させ、より充実した人生を歩むという生き方の象徴的な試合がマスターズの空手道競技ではないだろうか。

若い皆さんにとっては「そんなもんかナァー」という程度に読み流して結構だが、忘れないで欲しいのは、空手の修行を生涯の道と決めることで、多くの人達が将来めぐり合う苦痛や苦難というものを、さして苦労なく乗り越えていけるということだ。体力気力を常に充実していれば、一般の人が悩んだり苦しんでいることなど、たいした問題ではない、というように肝が据わるものだ。もちろんこれは空手に限ったことではない、他の武道にもいえることではある。

「明日を拓く」

誰にとっても明日のことは分からない、想像することしかできない。明日が見えないということが時として不安感を伴うことがある。皆さんにとっても受験であったり、これからの自分の人生であったり、事の大小はあるだろうが、明日が分からないことで何らかの不安を持って生きていくことになる。親の庇護の下に生きているうちはそれ程感じないものでも、いざ一人で生きていくというときになれば、どうしても不安はでてくるものだ。

そのような明日を武道の修行を通して切り開いていこうということが本稿の目的であった。特に空手という自分たちに一番身近な武道を通して、さまざまなことを考え、思いを深めてきた。

現在の日本の社会情勢を見てみるとあまりにも残虐な事件が多い、暮らしやすい環境の実現はできたが、精神的な苦悩は高まるばかりといえる。より高度な社会環境は、人類にとっての夢であったはずであるが、どうやら暮らしやすい環境というものの実現だけでは人間の幸福は達せされないようだ。安心と安全が自慢で、家族や近隣に笑いと真心の行渡った日本を取り戻すことは、もう不可能なことなのだろうか。そんなことはない、皆さんの周りでは空手を通して年齢の違い、生活環境の違いを超えて、活力と笑顔の仲間たちがいるではないか。

空手に限らず、日本には素晴らしい武道の文化がある。私たち武道に縁があった者達が武道を生涯の道と定め、その中で得た喜びを世間に見せていこうではないか。私たちが担う役目は大きいと思うが、それも修行の成果と発露である。

大いに汗をかいて、笑顔で人生をしっかりと歩いていこう。

特別インタビュー

津山克典 全ては基本稽古の中にある

戦後の競技空手の隆盛は驚くべきものがある。スポーツとしての面白さと武道としての奥の深さを併せ持つという空手の醍醐味の実現だった。その競技空手の礎を築いた諸先生のお一人が津山克典氏である。その強さに憧れ空手の道に入った者も多い。津山イズムとして知られる「全ては基本稽古の中にある」は、様々な角度から言及されてきたが、更にその本質を探るべくインタビューをさせていただいた。

基本稽古ほど楽しいものはない（基本稽古は、本文では約束組手も含む）

――基本稽古が大切なのは分かっていますが、どうしても単調になりがちです。

津山　基本稽古の中で体力が作られるということを自覚して欲しいと思います。極論を言うと、体力の中に強さがあると言うこともできます。技のうまさもさることながら、体力の強さがプレッシャーに対する強さにつながるとも言えるのです。

次に言えることは、基本練習の繰り返しということが、技のスピードや的確な判断力を養うことに最適な方法だということです。ある大脳生理学者の説によると、大脳が企画したことを小脳に伝え実行させるというのですが、この説が正しいとすれば、反復練習はその伝達時間を短くする訓練だと言えると思います。

基本稽古が単調だと考える人もいるでしょう。しかし、稽古の中には先人の知恵が詰まっています。試しては反省し改める、言ってみれば「三歩進んで二歩下がる」というようなものです。創意工夫の積み重ねなので、基本稽古ほど楽しいものはないと私は思ってきました。

――楽しさという点をもう少しお教えいただけますか。

津山　好きで熱中してハードに行うと、脳内覚醒が起き、自分がイメージした技に近づくのであり、漫然と繰り返しだけを行っていたのではまったく身に付かない。稽古の質の問題なのです。あらゆる角度から試し、何十分の一の可能性を追いかけて行うものです。これだ！といった結果が出たときの喜びは筆舌に尽くせないものがあります。何かを創造するときは誰でもワクワクしませんか。

基本練習が潜在能力を引き出す

――反復練習といっても同じことを繰り返しているわけではないのですね。

津山 そうです、一本一本に集中して反復練習を重ねることが大事です。

基本練習の心構えを一つ伝授しましょう。それは、「決めたことは必ずやり遂げる」これが大切です。例えば朝練をやると決めたらやりぬく、今日は少し熱があるから、今日はテストが、今日は…と言い訳を一切作らないことです。

決め事を守ると、心に迷いがなくなります。迷いがなくなると自然と練習量が多くなり、潜在能力を引き出すことが可能になります。

――潜在能力についてもう少しお話しください。

津山 私は、基本練習に創意工夫をして、ただひたすら繰り返しました。つまり、決めたことを心に迷いなく練習したのです。

誰でも試合中のある瞬間、イメージした通りの技が無意識に繰り出せたという経験があると思います。何度も何度も繰り返した結果が潜在意識の中に溜め込まれて、あるとき潜在能力として飛び出してきたのだと思います。基本技をイメージして頭の中でリアルに繰り返すことも潜在能力開発には大変有力な方法だと思います。

自信がつけば、驚懼擬惑《きょうくぎわく》は去ります

――基本稽古と精神力という観点でお話しをいただけるでしょうか。

津山　情動（エモーション）の調整（コントロール）ができるかどうか、ということです。古くは、「驚懼擬惑《きょうくぎわく》を去る」といって、驚いて右往左往したり、あるいは疑いや惑いの心を出す、このようなものを取り去ることが大切です。

精神力は高めることができます。一つは体力の強化、もう一つは技の向上です。自信がつけば、情動のコントロールができます。ただ、ここで重要なのは自信が自惚れになってはならないという点です。実力の向上と細心の注意を図ることで常に平常心を守ることができるのです。

日本のトップ選手であっても海外選手と比較すると、明らかに体力の違いがあります。彼らに勝つ方法は、彼ら以上に練習を重ねることです。体力を練習量で補うこと。つまり、体力の向上と技の向上の掛け合わせで外国選手を上回らなければならないということです。

ただ、心の部分が本当に難しい。心の情動的なものが弱い人にはメンタルトレーニングをするというような方法も必要でしょう。無意識に湧き出る情動を取り去り、自分の意識に統合させ、自分の意のままにするトレーニングです。

「極まった」瞬間に起きていること

――武道で言う「心・技・体」についてお話いただけますか。

津山　「運動的瞑想」という言葉があります。静かに座して瞑想するのではなく、身体運動を通して外界からの刺戟を排除し、自分でイメージした技が無意識的に出せるために集中するという方法です。正しい姿勢、正しい呼吸、正しい心が伴うと、自分でイメージした技が無意識に繰り出されるようになります。

もう少し具体的にお話ししましょう。フォームがまず大事です。姿勢に勢いがあることが必要です。同時に、呼吸が大切なのですが、これは練習の繰り返しで自ずと身に付いてくるものです。自分でいろいろ試しながら身に付けたものでなければ、身に付いたことにならず、いざ試合で呼吸が乱れ、技を繰り出すどころではないという状況に陥る羽目となります。心に関しては、先に言いましたように情動をいかにコントロールできるかということです。

この三つを整えようと意識し、繰り返し繰り返し基本練習をする、あるところで無意識にピタッと三つが一つになるという境地に到達できるのです。これが「極まった」という瞬間です。

空手の技を磨こうとすれば自分自身と対峙し、自分の弱い部分を克服していくということです。座禅の座の中を見ると坐という字がある、これは人と人が対峙していることを表していますが、座禅においては自己なる自分との対峙だと思われます。つまり、自己を第三者の目で見られることを意味しています。武道家に限らず、修行をしている者は最終的に自分の心を整えなければならないということだと思います。

――貴重なお時間をお割きいただきありがとうございました。

本稿は、空手道マガジン月刊ＪＫＦａｎ05年5月号~07年1月号に連載された記事に加筆、訂正を加えて再編集したものです。

プロフィール／つやま・かつのり

1936（昭和11）年、佐賀県に生まれる。佐賀県立佐賀高校3年生の時に大学生たちにまじって、初の競技大会となる第3回全九州大学空手道選手権大会に出場。チームは1回戦負けを喫するも自身は唯一の1勝を挙げる。その後、名門・拓殖大学空手道部に入部。1957（昭和32）年、3年生の時に日本空手協会の第1回全国空手道選手権大会に出場し準優勝。翌1958（昭和33）年春、第1回全日本学生空手道選手権大会にて準優勝。同年秋、第2回同大会にて優勝を果たす。大学卒業後、約10年間を故郷佐賀で過ごすが1968（昭和43）年、32歳の時に一念発起し母校拓大の先輩、故中山正敏先生の元で助手を務めながら東京教育大（現筑波大）に聴講生・特別研究生として通う4年間を過ごし、1972（昭和47）年に講師、1979（昭和54）年に助教授となる。1987（昭和62）年に中国・北京体育学院へ留学し太極拳や気功などの指導を受け、1989（平成元）年には大学教授となる。1993（平成5）年に（財）全日本空手道連盟の全日本強化チーム監督に就任し、世界の舞台で采配を振るう。2000（平成12）年3月をもって現場を退き、2002（平成14）年から2006（平成18）年まで全空連強化担当常任理事を務める。また2003（平成15）年3月に拓殖大学を勇退し、拓大キャンパス近くの茗渓会館にて有志による勇退記念送別会が行われ、その席上で「未だ悟れず。生涯発展途上人として今後も精進して参ります」と挨拶。現在も生涯修行を実践する。

題字／田中紅蓼

NPO法人国際芸術家協会正会員。1976年紫雲書道会に入門。精華賞2回、秀作2回、紫雲賞1回受賞。

1979年紫雲会師範、同人。1992年紫雲大賞受賞。

社団法人　全日本書道教育協会協会賞2回、特選3回、読売新聞社賞1回受賞。明日香会女流書展2回出品。

三鷹書人の会所属、個展2回。

2005年NPO法人国際芸術家協会書道部門正会員。

出典、受賞作品多数。

無妙抄《むみょうしょう》

2007年9月1日　第1刷発行

著　者　津山克典
発行者　井出將周
発　行　株式会社 チャンプ
〒166-0003　東京都杉並区高円寺南4-19-3
総和第二ビル2階
販売部　Tel. 03-3315-3190　Fax 03-3312-8207
編集部　Tel. 03-3315-5051　Fax 03-3315-1831
URL　http://www.karatedo.co.jp/champ
印　刷　モリモト印刷株式会社